成功17事例で学ぶ

自治体PR戦略

情報発信でまちは変わる

電通パブリックリレーションズ　編著

【解説】小林伸年（時事通信社編集委員）

時事通信社

はじめに

――自治体PRと民間企業PR、その違いとは?

自治体の関係者から、「自治体のPR活動は、民間とどのように違うのか?」と、よく質問される。そのとき、私は次のように答えている。

民間企業には、利潤の追求という大原則がある。そのためPR活動の結果、まず利益が増加すること。もう一つは、競合他社より優位に立てること。この二つの目的が明確である点において、自治体のPR活動との違いがみられる。

要は、民間企業ではPRの目的がしっかりしているのである。そして結果が問われるのである。翻って自治体のPR活動をみると、残念ながら、結果を目的にするのでなく、手段を目的にする場合が、多いのではないだろうか。「毎年更新しているパンフレットだから……」、「毎年やっているイベントだから……」、「とりあえず情報開示しなければならないから……」

私は、このことを「手段の目的化」と呼んでいる。ＰＲ活動の結果、求めている本当の目的ではなく、作ることや実施すること自体が優先されてしまう。本当の目的とは、市民の参加意向を高めること、市民啓発を進めること、市民の応援を得ることなど、市民との関係づくりのなかにあるはずなのに、例年の予算や、とにかくやったという言い訳が目的となっているのである。

この状況を私はとても残念なことだと思う。市民の税金で、そして限られた予算の中で行わなければならない自治体のＰＲ活動は、市民の立場に立ち、より分かりやすく効果的なものでなければならない。そのためには、まず活動の目的を明確にして、その達成のために活動の優先順位をつけてすすめること、すなわち、「戦略的なＰＲ活動」が必要なのである。

超高齢社会、人口減少、自治体の消滅……。センセーショナルな言葉がメディアをにぎわしているなか、自治体におけるＰＲの重要性がますます高まっている。自治体が直面する社会的課題の解決にＰＲは必要不可欠であり、施策の成否はＰＲの成否に懸かっていると言っても過言ではない。

本書では、自治体ならではのＰＲ活動の特徴、強みと弱みについて整理する。しかし、私たちはあくまでＰＲの実務家集団であるため、本書はアカデミックな理論書ではなく、実際に取り組んできたプロジェクトで得たインサイトをもとに、ＰＲ活動で重視すべきこと、その役割の重要性について考えていきたい。

もう一つ、はじめに断っておきたい。本書の中では、「広報」という言葉ではなく、基本的に「ＰＲ」という言葉を使っていく。その理由は二つある。

一つ目は、「広報」という言葉は「ＰＲ」の日本語訳として用いられているが、その意味は「広く報らせる」ということだけであり、本来の意味と相違していること。この点については、本書の中で再度説明する。

二つ目は、「ＰＲ」という言葉自体が、広告の一部分のように間違って捉えられていること。特に、「ＰＲ」を「パブリシティー」に限定して解釈するという誤解を解くため、本書の中では多種多様なＰＲ活動を提示している。そのことによって、ＰＲが本来持っている広く深い概念の理解につながれば、と期待している。

よって本書では、「広報」という言葉を、自治体の現場で定着している「広報課」「広報室」「広報担当」といった組織名称など限定的な使用にとどめ、「広く報らせる」だけではないＰＲの実態を伝えていきたい。

数あるＰＲ関連書籍の中で、自治体だけに光を当てた書籍は数少ないと思われる。本書によって、今後の自治体のＰＲ活動の活性化、さらに市民と自治体のよりよい関係づくりに少しでも寄与できれば、とても光栄である。

２０１６年11月

電通パブリックリレーションズ自治体ＰＲチーム　花上 憲司

目次

Part 6 海外におけるPR戦略

Part 7 これからの自治体PR戦略

Part 1

自治体におけるＰＲ戦略とは

本書は、電通パブリックリレーションズが実際に取り組んだ自治体とのプロジェクトの紹介を中心としている。しかし事例紹介の前に、語句の意味やＰＲの手法、計画（戦略）の立て方など、基本的な知識の説明は最低限必要であろう。そこで、Ｐａｒｔ １では、ＰＲに関する基本的な事柄について、簡単にまとめておきたい。

PR概論

——社会とのより良い関係づくりのために

PRと広告の違い

本書冒頭に述べた、自治体PRと民間企業PRとの違いと同様に、「PRと広告は、どこが違うのか?」という質問も、広報のセミナーなどでよく受ける。

広告は「advertising」、PRは「Public Relations」のPとRからできている。字義を簡単に見ると、広告は「広く社会に告げる」こと、それに対してPRは「Public（一般社会）とのRelations（関係）」である。敷衍《ふえん》すれば、PRの意味は、「企業・行政などの組織と市民などの一般社会との関係をつくっていくこと」である。つまりPRとは「良い関係づくり」ということが骨幹となる。

PR=Public Relations

パブリックリレーションズ　＝　Public Relations

企業や行政、団体が一般社会(パブリック)との間に
多面的なコミュニケーション活動を通じて、
良好なリレーションズ(関係)をつくっていくこと

「良い関係づくり」

PR＝キャッチボール

PRを、筆者はよく「キャッチボール」に例えて説明している。情報をボールとすれば、ボールを投げるとき、相手をよく見て、ボールの硬さや投げ方を考えて投げれば、相手はうまく受け取ることができ、こちらにボールを返してくれる。しかし、相手が子どもなのに剛速球を投げてしまっては、受け取ることができず、結果としてボールは返ってこない。

このように、情報の分かりやすさやターゲットに合った手法を考えて情報発信しなければ、良い関係をつくることはできないのである。相手が受け取れる情報、もっと言えば「欲しい情報」を投げることで、期待する変化（賛同、共感、協力、購入）などが得られる。

自治体のPR活動は、決してマスコミを使った大規模な広告やキャンペーンではなく、自治体が発行する「広報誌・紙」「ウェブサイトやソーシャルメディア」「ポスター・チラシ、パンフレット」を中心に、毎日の業務の中で生じる住民や関係機関とのコミュニケーションにおいて行われている。

しかし、行政情報に関心を持つのは高齢者や子育て世代などが中心で、若年層や働き盛りの世代に周知するためには、自治体の媒体だけでは不十分となることが多く、無関心や非協力を招いてしまう。人が集まらないイベントは、企画の良し悪しもあるが、そもそも情報が届いていないという周知不足に起因することが多い。

また、せっかく住民が情報に接したとしても、パンフレットなどが難解な行政用語や「文字だらけ」の分かりにくいレイアウトで作られていては、

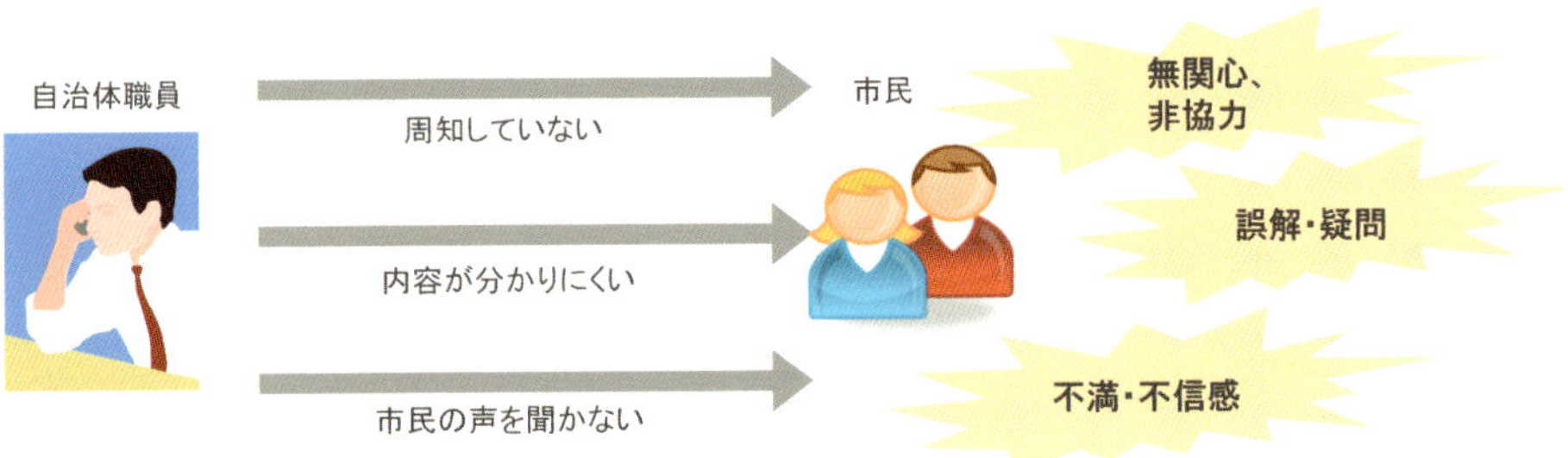

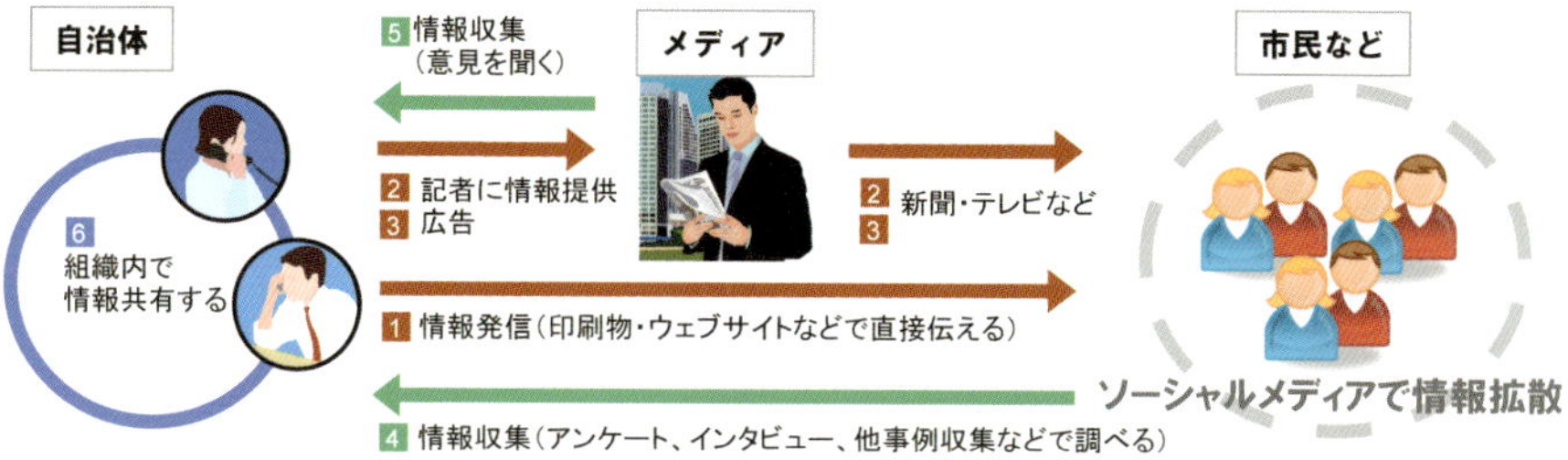

■ 情報発信 ：印刷物だけでは伝えきれない！ ほかの活動と連動させることが重要

情報発信の活動		効果・留意点
1 自治体 ⇒ 市民	印刷物の作成・配布	・作るだけでなく、誰にどう配布するか、どこに掲示するかというところまで計画されていなければならない
	ウェブサイトで掲載	・印刷物よりも詳細情報を手軽に提供することができる ・速報性がある（ただし、更新を迅速に行う必要がある） ・関心が高い人か、他の媒体から誘導された人しか見ない ・インターネット環境がない人には伝えられない
	メールマガジン	・定期的に情報を伝えることができる ・ウェブサイトに誘導し、作る側にも読む側にも負担なく
	イベント、講習会、説明会	・企画内容、場所、時期、周知方法で集客に差 ・事前と事後のパブリシティー活動で開催目的や内容を伝達
2 自治体 ⇒ 記者 ⇒ 市民	パブリシティー活動（新聞記事、テレビ番組…）、ニューズレター、メールマガジン、プレスツアー	・記者が客観的に評価して書くので、注目度も影響も大きい ・費用は不要だが、自治体からの働きかけが必要 ・時期や内容に干渉できない（情報提供に工夫が必要）
3 自治体 ⇒ 広告 ⇒ 市民	新聞、テレビ、雑誌、ラジオ、看板、Web、折り込みチラシ…	・制作費用、メディアへの費用（媒体費）が必要

■ 情報収集 ：相手の声を聞いた上で、情報発信の方法を考え実行する

情報収集の活動		効果・留意点
4 市民 ⇒自治体	アンケート、インタビュー、モニター調査	・「情報が届いているか」「内容が理解されたか」「どんな情報経路で知ったか」を検証すると、次に効果的な活動ができる
5 記者 ⇒ 自治体	メディアヒアリング、記者懇談会、報道状況分析	・普段から記者と意見交換し、関心事や自治体への要望を聞き、情報発信につなげる

■ 情報共有 ：内部で連携し、一枚岩になって情報発信する

情報共有の活動		効果・留意点
6 組織内	セミナー、マニュアル、アンケートなどのコミュニケーション活動	・他の部署の情報も、読者に有効なら共有・連携する ・定形のフレーズの統一、イメージの統一など

■ 情報拡散 ：ソーシャルメディアで市民の中で情報が広がる

情報拡散の活動		効果・留意点
7 市民⇔市民	ソーシャルメディア	・良い意味でも、悪い意味でも効果が大きい場合がある ・基本的にコントロールすることができない

読む気がせず、読んだとしても誤解や疑問を招いてしまう。

さらに、日頃から苦情や要望など住民の声に耳を傾けることを怠り、行政の都合だけで事業を行っていると、不満や不信を招いてしまう。自治体の事業や施策は、住民の理解や参加、協力を必要とすることから、PR活動への取り組みが欠かせない。しかし、このように、一人ひとりの職員が特別な知識も技術もないままに、低予算で行っている情報発信のツールによって、自治体のPRは、推進されている場合もある。

PR活動は、情報発信だけではない

そもそも、PR活動は情報を発信する前に、情報収集があり、組織内の情報共有がある。情報の受け手の考えや行動を無視したり、組織内の共通認識がないまま、発信だけを行ったりしても効果を出すことはできない。自治体と市民の間の良い関係づくりは、以下の四つに大きく分類できる。

すなわち「情報発信」「情報収集」「情報共有」「情報拡散」である。この四つの流れを最適化する方向でPR活動を行うことによって「関係が構築」できるのである。

期待する効果を見失わない

限られた予算の中で行うPR活動は、きちんと計画を立て、戦略的に展開することが重要である。例えば「○○を普及したい」というPRテーマがあるとした場合、いきなり「ポスターを作る」「イベントをする」など手段が先行する場合がよくある。しかし、まず大事なことは、テーマを取り巻く状況を把握し、「普及しない理由は何か」を調べて、その解決を図る方向で、計画＝戦略を立てることである。

PDCAサイクルでPR活動の質を高める

さらに、活動には目標設定が重要である。「○人程度を集める」などの定量的な目標に限らない。「○人に配布する」など発信する側の行動目標でも構わない。そして検証できるよう、企画段階から「アンケートの質問項目」などを準備しておくことも必要である。それらがなければ、効果測定はできない。集まらなかっ

PDCAサイクルでPR活動の質を高めていく

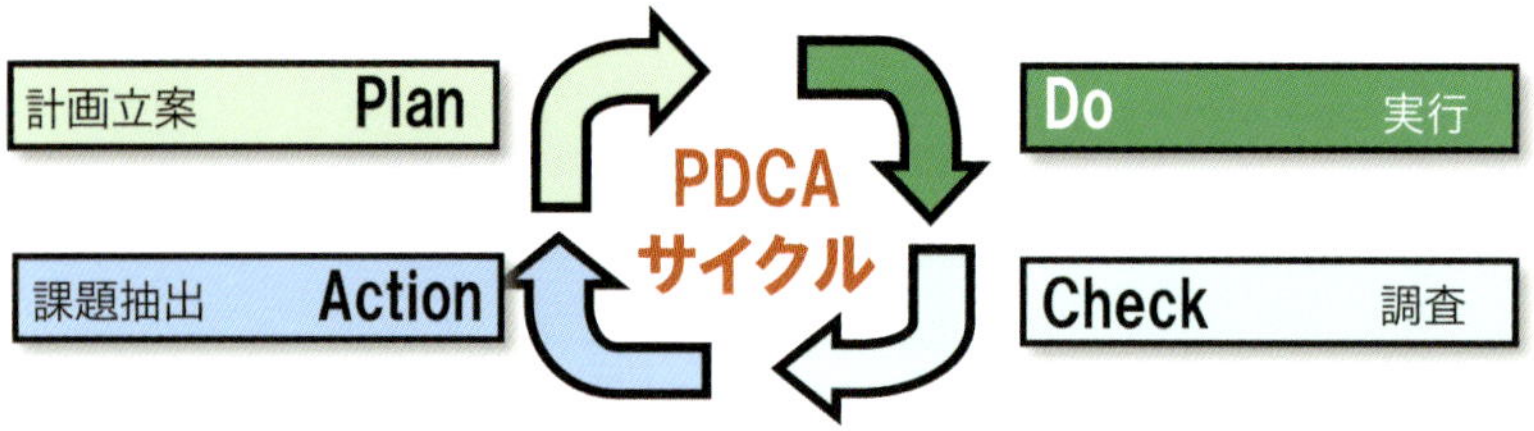

手段を目的化してはいけない。期待する効果を見失わないように

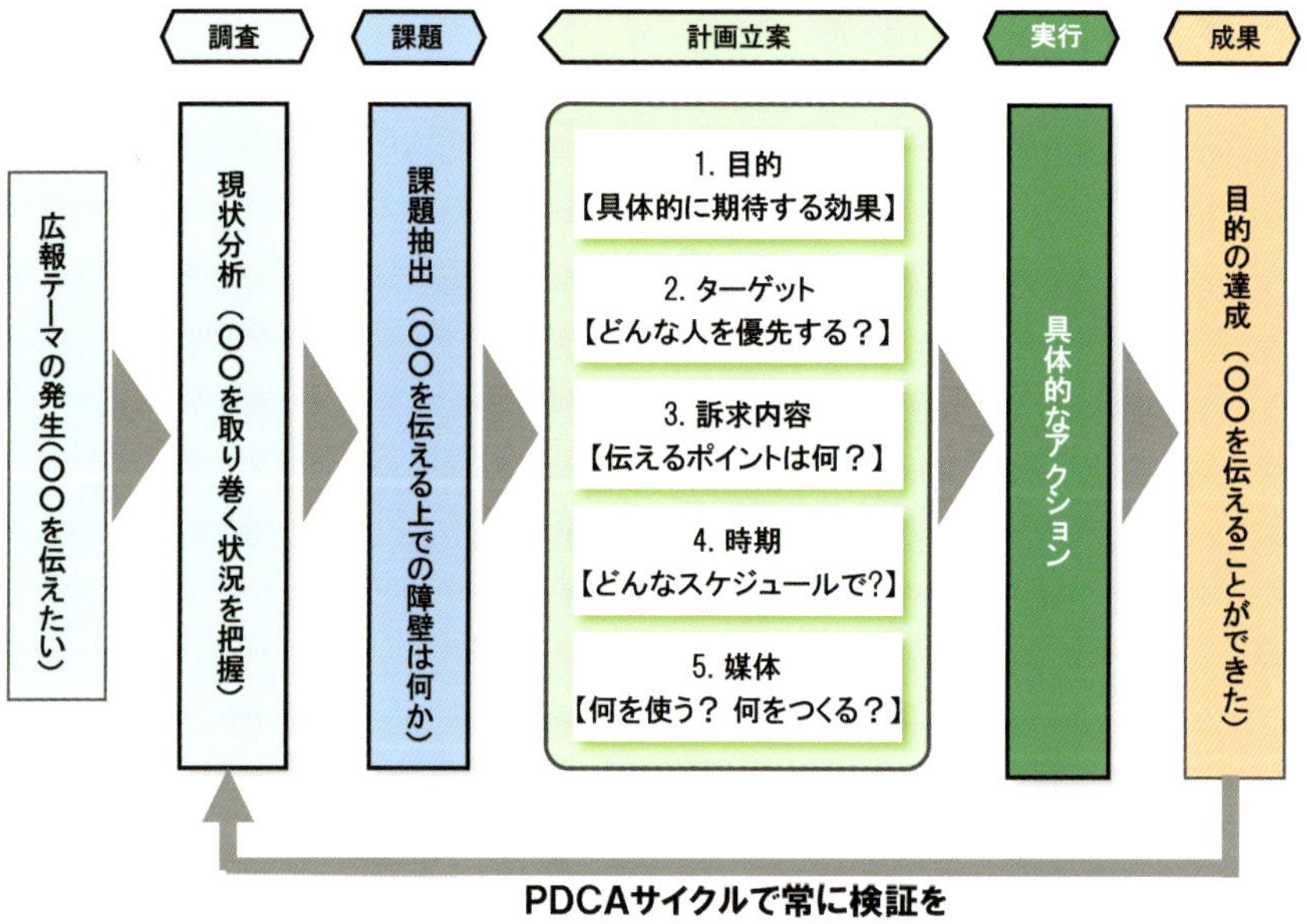

たのは、情報を届ける伝達方法が悪かったのか、伝達することはできたが、表現方法が分かりにくかったのか、などの理由を探る調査を行い、課題を抽出して、次回以降、戦略的に展開することが重要である。

PR活動の計画を立てる

テーマを取り巻く環境把握に基づき、まずPR活動の「目的」「ターゲット」「訴求したい内容（メッセージ）」を明確にする。次に「時期」の設定、「媒体」の選定を行う。このとき、自治体の内部はもちろん、協力団体、外注する委託業者なども、「目的」「ターゲット」「内容」は共通認識とすることが重要である。

こうした活動を計画的かつ継続的に行うことによって、自治体と住民との間に良い関係を築いていく。それがパブリックリレーションズ（Public Relations）である。Part 2以降、電通パブリックリレーションズが実際に取り組んだ自治体とのプロジェクトを中心に、具体的な事例を紹介していく。

PR活動におけるPR会社の役割とは

最後に、PR会社について少し触れておきたい。

PR会社は、大きく二つの種類に分けることができる。一つは印刷物やイベント、パブリシティー活動（メディアに情報提供し、記事や番組として取り上げるように働き掛ける活動）など、専門分野に特化して実施する会社である。もう一つは、PR環境を把握する調査活動からPR計画・戦略の立案、そして実施まで総合的に取り組む会社である。弊社電通パブリックリレーションズはこのカテゴリーに入る。

活動テーマや予算規模などに応じて会社を選択することになるが、PR会社に業務委託する際のポイントは何か。どんな場合でも、委託会社と目的や情報を共有し、一体となってPR活動のテーマと向き合い、活動を進行させることである。一緒に悩み、一緒に答えを探していく関係をつくる。これから紹介する成功事例に共通しているのは、そうしたパートナーシップである。

PR活動の計画を立てる

≪1. 目的‥‥‥‥‥何を解決し、どんな効果を期待するのか

① PRしたいテーマを取り巻く現状を把握
② 課題を抽出
③ 関係づくりの相手に、何をしてもらいたいか、
　どんな効果（変化）を期待するのかを整理する

例 ・関心を高めてもらいたい‥気づきを与える情報発信
　 ・正しく理解してもらいたい‥理解を促進する情報発信
　 ・行動してもらいたい‥‥‥動機付けをする情報発信

○○の予防の大切さを
どうも正しく理解されて
いないようだ‥
ちゃんと説明する機会を
つくっていこう！
働き盛りの30〜50代、
特に男性に知らせて
運動を心がけてもらいたい。
さて、どうやって
伝えようかな‥

≪2. ターゲット‥‥‥特にどんな人を優先すべきと考えているか

「広く市民全般」との場合でも、以下の方法でターゲットの絞り込みを行う
① どんな人なら関心を持つか、予測する
② 誰に最も関心を持ってほしいか、優先度の高い人を絞り込む
③ 優先度の高い順を決めて、段階的に伝える計画を立てる

ターゲット分類例
- ◆ 年代（おおよそのイメージがあるのか、ないのか）
- ◆ 性（男性なのか、女性なのか、性別は問わないのか）
- ◆ ライフステージ（子どもの有無、子どもの年齢、高齢者の有無など）
- ◆ 職業（サラリーマン、自営業、主婦、大学生など）
- ◆ 地域（市全域か、特定のエリアか）
- ◆ 趣味・ライフスタイル（芸術に関心がある、スポーツに関心があるなど）
- ◆ その他（イベントに参加した人、事業の対象者など）

企画の売りを伝える
はこれだ！

≪3. 内容‥‥‥‥‥何を伝え、どうニュース価値を高めるか

① ターゲットの関心度、知識度を基準に、訴求したい内容(メッセージ)を整理する
② テレビや新聞の記事になるような「売り」をつくる
③「売り」を一言で表現し、ポスターや冊子に使うキャッチフレーズに活用する

≪4. 時期‥‥‥‥‥タイムリーな時期を選んで計画的に伝える

① 市が発信したい時期と、世間の関心が高まる時期との接点を見つける
　・社会的関心の高い関連行事との連携は可能か
　・「○○の日」など、季節や世相の話題との連携は可能か
② 事業の進捗段階に応じて情報発信の内容・媒体を決める
　例：計画段階⇒計画完成段階⇒事業開始段階⇒事業完了段階

最近あちこちで
よく見るね‥

≪5. 媒体‥‥‥‥‥何を使って、何をして周知するか

① 印刷物、テレビ、新聞、イベントなどの特性を見極め、ターゲットに最もふさわしい媒体を決める
② 複数の媒体を選び、ターゲットが情報に接するタイミングが重なるよう、計画的に組み合わせ、
　相乗効果を狙う

Part 2

ストーリーをつくる

ＰＲ活動の骨幹であるファクトやコンセプトを、
どのように表現すると効果的なのか、
ここではその方法を
「物語＝ストーリーづくり」という視点から考える。
これからのＰＲは、
ストーリーづくりが成功の鍵となる。

1

生活者を取り込むストーリーをつくる

――熊本県「くまモンほっぺ紛失事件」

ここからは、事例を見ながら自治体ＰＲの成功のキーポイントを検証したい。まずは、電通九州と電通ＰＲが２０１３年10月から11月にかけて取り組んだ熊本県のブランディング・キャンペーンを紹介する。

熊本県は日本でも有数の農海産物の産地である。特にトマトやスイカ、イチゴ、タイ、馬肉といった赤い農海産物の出荷量は多い。しかしながら、県外でそれを知っている生活者は少なく、熊本県を「赤い県」としてブランディングしたいという要望が熊本県から出ていた。県は、「熊本」に対する「赤色」のイメージの想起率がどれほどあるのか調査するため、まず、全国の２０００人の一般生活者を対象とした調査を13年1月に実施。調査結果では、「熊本＝赤い」というイメージを持っている生活者がわずか16・5％しかいないことが浮き彫りになった。

そこで、「赤いけん！　ウマいけん！　くまもと」というスローガンの下、電通九州は熊本県の人気マスコットである「くまモン」を起用したブランディング・キャンペーンを提案した。

赤いけん！ウマいけん！くまもと

キャンペーンロゴ

くまモンは、九州新幹線の全線開業前に生まれた県のキャラクターであるが、日本全国、また海外にまで出掛けて、宣伝活動を行っている熊本県の営業部長である。「ゆるキャラグランプリ２０１１」で優勝するほど人気があり、このくまモンをフルに活用したキャンペーンが計画された。

人気の「事件」で注目される

まず、話を進める前に、このストーリーの主役である「くまモン」についてふれておきたい。今や国内では知らない人がいないほどの知名度を誇り、ゆるキャラ界を牽引するくまモンだが、ここまでのキャラクター戦略は決してゆるくなく、緻密な設計と並々ならぬ努力により成り立っている。九州新幹線全線開業の際に生まれたくまモンは、県が「くまもとサプライズ」を掲げ、人を驚かせることを基本にさまざまなPR企画を実施し、その結果今やメディアで頻繁にニュースコンテンツを提供する存在となっている。熊本県営業部長という公務員の肩書を持ち、熊本県には部長席まである。毎日の活動からファン感謝デーのようなイベントなど、タレント顔負けのスケジュールで常に生活者とのリアルな接点を持っている。また、生活者との距離を縮めるためのPRツールとして、複数種類ものバリエーションがある名刺や、くまモン体操を一緒に踊るための紙製の帽子など、印象付けの強化策も細かく設計されている。他にもPRツールと成り得るグッズは数多くつくられているが、このグッズは、熊本のPRにつながるものであればキャラクター使用料がフリーとなるということで、周囲を巻き込み成長を遂げていく求心力は決して偶然の産物ではない。

そんな、世間にさまざまなサプライズを仕掛けるくまモンの象徴的な「事件」の一つである「くまモンほっぺ紛失事件」について紹介していきたい。

まず、熊本県から提示されたテーマとしては、「首都圏における〝赤〟の統一ブランドイメージの発信」であった。熊本は、阿蘇の火口や火振り神事、大火文字焼きなど、火にまつわる伝承が多く残るため、古来より「火の国」と呼ばれてきた。また、基幹産業である農林水産業においては、全国有数の生産量を誇るトマト、スイカ、イチゴ、さらには日本最大級の草原で暮らすあか牛、天草大王（赤鶏）、鯛、赤酒など〝赤〟いものが多数存在していることや、プロサッカーチームのロアッソ熊本など、〝赤〟に関するものやコンテンツが豊富にある。このようなことから、熊本の魅力を〝赤〟の統一ブランドイメージとして積極的に発信し、「〝赤〟と言えば熊本、熊本と言えば〝赤〟」と首都圏の方々が連想することで、各個別の〝赤〟関連の事業がスムーズに展開できるようにすることが狙いだった。

ブランドイメージというのは実に重要で、一度定着したイメージは統計的に逆転を許してもなかなか覆しにくい。ウナギといえば静岡というイメージがあっても実際に日本一の生産量は鹿児島であったり、ブランド米を目隠しして食べたときよりもブランド名を聞いてから食べたときの味覚スコアが圧倒的に高かったり、ブランドの持つ力は図りしれないものがある。

さて、その目的に対して、今回、全体を企画・制作・統括する電通九州と、PR企画の設計と実働をする電通PRが担当したキャンペーンで、まず最初に注目したのは、くまモンの赤い〝ほっぺ〟であった。このほっぺは熊本県の赤い農海産物を象徴するものであり、くまモンの特徴である。そこで熊本県は、「くまモンが熊本県のおいしい赤い食べ物を食べたため、その象徴である赤いほっぺをなくした」というストーリーをつくった。くまモンのほっぺがなくなったというアイデアは、日本特有の「おいしいものを食べるとほっぺが落ちる」という表現から発想を得ている。赤いほっぺがなくなったくまモンを、ニュースメディアやソーシャルメディアに登場させることによって、驚きと注目を得ようという戦略である。

なぜ、くまモンのほっぺがなくなったかという理由は、最後まで明かされず、生活者には「一緒にほっぺを探してください」というメッセージを出した。そうすることにより、生活者はより一層ストーリーの結末に興味を持って、この「ほっぺ紛失事件」に注目してもらえるだろうと考えたのである。

次に、時系列にキャンペーンの実施内容を説明していきたい。

2013年10月30日、蒲島郁夫知事の記者会見の様子が公開された。知事は会見で、深刻な面持ちでくまモンのほっぺがなくなったという発表を行った。このキャンペーンの主人公はくまモンであるが、蒲島知事の参加なくしては成り立たなかった。

キャンペーンのターゲットは一般生活者、特にニュースメディアが集中する首都圏の生活者に設定。マスメディアの報道および首都圏の生活者によるソーシャルメディアでの拡散により、全国の生活者に効率よくメッセージを届ける戦略をとった。

この日、くまモンは東京・銀座にある熊本県のアンテナショップ「熊本館」の前にほっぺのない姿で現れた。ここからが、激動の〝ほっぺ探しの旅〟の始まりである。通行人に対し、ほっぺ探しを一緒にしてほしいとビラをまきながら呼び掛けた。道行く人は携帯やスマホで写真を撮って、ソーシャルメディアなどで、ほっぺのないくまモンの姿を拡散していった。PR会社としては、もちろん、自らがほっぺを探すというこの象徴的な活動をまずはデジタル上で拡散させるべく、くまモンやユニークな事件を取り扱うウェブニュースを中心としたメディアを招致して、この一連の事件に情報の着火を行った。

また、くまモンのフェイスブックページやツイッターのプロフィール写真は、ほっぺのないものに差し替えられ、ソーシャルメディアにおいても、ほっぺ探しを呼び掛けるメッセージを投稿していった。もともとくまモンはフォロワーが多いため、くまモンのほっぺがなくなったというニュースは瞬く間に広がっていった。また、動画サイト「ユーチューブ」、専用のウェブサイト、スマートフォン用ゲーム、オンラインピクチャーブックを用意し、さまざまな場面でほっぺ紛失という

銀座の通行人にほっぺ探しのサポートを依頼するくまモン

街頭で配られたチラシ

渋谷交差点の大型ビジョン

事件を知ることができる接点をつくり出した。

同日、くまモンは東京ビッグサイトにも現れ、さらに多くの人にほっぺ探しを訴えていった。この日ビッグサイトでは、熊本県も出展する「中小企業総合展東京２０１３〜２０１４」が開催されており、熊本県のブースを応援するために登場したのである。ここでも、ほっぺ探しを訴えるビラが配布された。ちなみにこのビラは1万枚用意されていた。

このほっぺ探しの活動は翌日も続く。ここからＰＲ設計上、デジタル上の拡散に留まらずマスメディアへの波及を目指す。早朝、くまモンは、日本テレビの「スッキリ!!」「ＰＯＮ！」に登場。番組にほっぺのない姿で現れ、視聴者に一緒にほっぺを探してほしいと訴えた。番組出演後は東京ドームシティに現れ、観覧車に乗って上空からほっぺを探す活動を行う。東京ドームシティを訪問した後は、知事と共にホテル椿山荘に現れ、情報発信に努めた。

メディアの方々は、とても忙しく、必ずしもすべてを取材できるわけではないため、こういった一連の活動は逐一写真で撮影し、ニュースメディアに配布したり、ソーシャルメディアにアップロードしたりするという行動が取られた。夕方の報道番組でもこのニュースは取り上げられた。「ニュース」としてくまモンの「ほっぺ紛失」は取り上げられたことになる。翌11月1日、今度は、渋谷のスクランブル交差点にくまモンは登場した。本キャンペーンにおいて、ごく限られた広告施策である渋谷駅前の街頭ビジョンに、「ほっぺ探しています」というメッセージを掲出。話題になっている状態で、人の目にふれやすい場所で掲出することで、さらなる話題の拡散を図った。さらに同日、くまモンは霞が関の警視庁本部に現れ、「ほっぺ」の紛失届を提出するという演出を行った。ここで警視庁のマスコットである「ピーポくん」と一緒に撮影された写真も、ウェブサイトやソーシャルメディアで拡散され、ほっぺのないくまモンの話題はさらに広がっていった。

その後もニュースメディアでの登場やソーシャルメディアでの情報更新は続き、くまモンのソーシャルメディアのアカウントには生活者から積極的にほっぺの行方を推測する投稿が数多く寄せられ、話題となった。

こうしたネット上の盛り上がりは、いわゆるミドルメディアでも取り上げられることで、それを見た生活者が、さらにこの事件のストーリー展開に参加してくれるという相乗効果も生まれた。ミドルメディアとは、マスメディアとインターネットのブログや掲示板のような個人的なメディアの中間に存在するメディアのことで、個人が情報を投稿してまとめていく「まとめサイト」や編集者が情報をピックアップして紹介する「編集型」などがある。

こうして、くまモンのほっぺがなくなり、それを探すという一連のストーリーは、熊本県からの一方的な情報発信だけではなく、生活者を巻き込み「コ・ストーリーテリング（共同でストーリーをつくって、伝えていく）」という形に変化していった。このコ・ストーリーテリングはソーシャルメディアで拡散されやすい絵づくりを行い、画像を中心とした「ビジュアル・ストーリーテリング（視覚に訴えるストーリーテリング）」を中心に展開されていったということが、まずはキーポイントとなっている。

警視庁本部を訪問し、ほっぺの紛失届を提出

PRにおけるストーリーテリング

ここで少し「ストーリーテリング」について補足説明する。「ストーリー」はその単語の通り、「お話」である。「テリング」は「語ること・伝えること」である。

近年、メディアが多様化し、多くの組織や企業が自らメディアとなって情報を発信するようになった今日、生活者の受け取る情報量は爆発的に増え、そのほとんどが消費されずに無視されている。伝えたい情報を、無機質なファクトとしてストレートに伝えるだけでは、それを受け取って注意を向けてくれる人は限られてしまう。ましてや、ターゲット層が情報を受け取っても、意識変化を起こし、態度を変容させるかどうかは分からない。ターゲット層が注意を向け、受け取った情報に共鳴し、意識変化・態度変容を起こすには、彼らにとって〝関連性のある〟情報である必要がある。そして、その情報に感情的なコネクションを築き、自らストーリーテラーとして、知り合いや家族に広めてくれるようなエンゲージメント（支持・賛同し、好意的に関わっていくこと）を構築するにはどうすればよいのか。

本キャンペーンでは、ただ単に熊本県が赤い農海産物の産地であるという情報をテキストとデータで拡散するのではなく、くまモンという人気マスコットを使い、このマスコットのほっぺがなくなったという事件をつくり、「一緒に探してください」と生活者に訴え掛けることにより、生活者がストーリーづくりに参加できるようにし、事件の種明かしをするまで、彼らの興味をひきつけるようにしていったのである。そして彼らが自らストーリーテラーとして、ソーシャルメディアで事件の展開を拡散できるような絵づくりも行った。

最後にほっぺが発見されたことを発表すると、メディアによる報道と、キャンペーン専用のウェブサイトによって、熊本県とおいしい農海産物の関係が明らかにされていった。

このキャンペーンは、テレビで23回（合計オンエア時間56分4秒）取り上げられ、新聞で30回掲載され、424のオンラインメディア・ポータルサイトなどに掲載された。また、ツイッターでは10月30日から11月4日の6日間で3万2880件の投稿が寄せられた。

PRにおいては、報道件数だけではなく、メディアでどのようなメッセージが伝えられたかも重要である。地元の有力紙では、「ほっぺをなくすという奇抜なPR戦略はひとまず成功を収めた格好だ」と11月9日付の紙面で報じられた。本キャンペーンの成功を伝えるポジティブな報道が、多くの県民の目に触れたのではないかと思う。

3日間のほっぺ捜索後、知事による記者会見が開催された。各メディアの方をお呼びし、ほっぺが見つかったことを宣言して、本キャンペーンの本当の目的である、「熊本県には赤くておいしい農海産物がたくさんある」ことを知事の言葉で真摯に説明した。同時にキャンペーンのオフィシャルサイトでは種明かしの動画も発表した。こうして怒涛の6日間は幕を閉じた。われわれは限られた期間で、どういったところにほっぺを探しにいくべきか細かく計画し、何とか話題の拡散を成功させた。しかしながら、その裏には何よりも関係各所とさまざまな調整をしていただいた県庁の皆様のご尽力があったことは言うまでもない。

後日、ほっぺ探しに参加してくれた生活者に感謝の意を伝えるため、「ありがとまと」という熊本県のトマトの入った特別なギフトボックスを１００箱用意し、応募を募った。２０１３年12月に行ったこのギフトボックスプレゼント企画には、１万人以上の生活者から応募があった。

ほっぺが見つかったことを知事と報告するくまモン

なお、この一連のキャンペーンでは、常にソーシャルメディア上でどのような反響があるか、リアルタイムで調査・分析を行っていた。ネガティブな反響が大きくなった場合は、いつでも計画変更できるよう準備しながら、キャンペーンを展開していったのである。

ビジネス上の成果が表れる

キャンペーンの成果は多くの報道だけではなく、ビジネス上の成果としても表れた。２０１４年のくまモンのロゴ入り食品（農協関係）の年間売り上げは前年比で34％増加し、15年にはさらに前年比で２０２％伸びた。12年時点では、緑色が1位となっていた熊本県のイメージカラーは、13年には赤色が1位となった。

さらに14年に熊本県の赤い農海産物を使った商品やサービスが県外の企業から生まれるなど、このキャンペーンの成果は、短期的な打ち上げ花火のようなものではなく、その後も継続して出てきている。例えば、株式会社湖池屋は14年5月に「ポリンキートマトナポリタン味」を発売。8月までの期間限定販売ではあったが、この商品は、熊本県のトマトを使ったスナック菓子で、パッケージも赤を基調としたデザインとなっている。また、エースコック株式会社は「くまモンのベジスープパスタだモン！」を7月に発売。14年6月25日付のエースコックの報道資料には、以下のような説明が書かれている。

「くまもとの赤」ブランドの代表で日本一の生産量を誇る熊本県産の「トマト」をスープに使用しました。

さらに、クルージング・レストランの運営会社である株式会社シーライン東京は、14年3月と12月に船上で「くまもとの赤」の食材を取り入れた特別料理を提供する「くまモンクルーズ　赤の海上レストラン」「くまモンサンタクルーズ」を展開。

キャンペーンの成功は、他の自治体からも注目されるようになった。14年11月に青森県や弘前市が主催する、県内企業や団体、一般住民に向けたフォーラムにおいて、熊本県の取り組みは成功例として紹介された。

湖池屋は2014年5月に「ポリンキー　トマトナポリタン味」を発売

エースコックが2014年7月に発売した「くまモンのベジスープパスタだモン!」

リスクを伴う大胆なアイデアを提案

くまモンのほっぺは熊本県の赤い農海産物を象徴するものであるが、本キャンペーンでは、このトレードマークの「赤いほっぺ」をデザイン上削除した。確立されたブランドイメージを変更することには、リスクも伴う。また、くまモンという公務員を活用し、なくなった「ほっぺを捜索する」というニュースを流すことに「生活者をだますような行為だ」とする反対意見が、熊本県庁内にもあった。この案に理解を示し、実行することを承認してくださった県庁の広報担当者には、勇気の要る決断をしていただいたと心から思う。

筆者自身、いろいろな自治体の方々とお付き合いをさせていただいていて、いつも自県をよくすることへの情熱に突き動かされるが、熊本県の方々は特に熊本をよくすることへの情熱が強いと感じた。また、公的な機関だと民間企業よりも制限されることが多いなか、自県をよくするためならばと、柔軟に対応する姿がとても印象的だった。

ただ、一つ注意しておきたいポイントは、このキャンペーンが営利企業ではなく「熊本県」という自治体の取り組みであるということである。税金を運用して行うキャンペーンであるため、納税者の受け止め方も勘案しながら行わねばならない。

まとめ

- 生活者を驚かせ、注目されるようなアイデアにリスクを覚悟で勇気を持って臨む
- ターゲット層のエンゲージメントを高めるには、彼ら自身にストーリーテラーとなってもらうようなメッセージの出し方が必要
- 目まぐるしく変化する情報流通構造を理解し、効率よくメディアを利用する
- ターゲット層の会話に小まめに耳を傾け、いつでも計画の軌道修正ができるよう準備する
- 成果の指標は、報道件数だけではなく、報道された内容の質や、ビジネス上の成果として、キャンペーンに取り組む

海外でも評価

本キャンペーンは海外のＰＲや広告、口コミマーケティングの業界賞を多数受賞した。「PRWeekアワード・アジア」「アジア・パシフィックSABRE（セイバー）アワード」「グローバルSABREアワード」「スパイクスアジア２０１４」銀賞（ＰＲ部門）、WOMMYアワード（米口コミ協会のアワード）などである。

米ハリウッドで開催されたWOMMYアワードの授賞式にはくまモンも出席し、自らトロフィーを受け取った。この模様はフジテレビのロサンゼルス支局のテレビクルーに取材され、日本でも何度か報道されることになった。

実は、この業界アワードへのエントリーも、ＰＲとしての効果がある。受賞したことがマスメディアで報道されると、県庁の取り組みが県民の方にも理解され、また県庁の職員の方の士気も高まるのである。

2

シーズンオフの観光客を取り込んだ「発想の転換」とは？

――観光「資源」を「試練」と変えて若者を集めた宮古島市の観光

次に、オフシーズンの観光客誘致キャンペーンの事例を紹介する。２０１４年と15年の冬に電通が取り組んだ、沖縄県宮古島市の観光ＰＲ活動「リアル脱出ゲーム×宮古島――封印された島からの脱出」である。

冬に落ち込む観光客、島の魅力で取り戻せるか

まずは、プロジェクトの背景について説明したい。日本の西南にある沖縄県の宮古島は、美しいビーチ、素晴らしいサンゴ礁、起伏に富んだ地形など、手付かずの自然に恵まれた１６０平方キロメートルの島である。太陽の光を求める者や、マリンレジャーの好きな若者に、夏には特に人気のある旅先の一つとなっている。

ポスター画像

しかしながら、冬の時期になると、夏のピーク時には月間４万人訪れていた島外からの訪問者が月間３万人以下にまで減り、観光分野への依存度が高いこの島の経済にとって大きな問題となっていた。さらに、２０１４年にはプロ野球チームの「オリックス・バファ

ローズ」が、22年間続けてきた宮古島での春の1軍キャンプを宮崎県に移すと発表し、地元の経済はさらなる苦境に直面した。これにより、トレーニングを見に来ていた何千人ものオリックスファンまでもが来なくなってしまい、島の訪問者数が大幅に減少することが予想された。宮古島市の人口自体も減少しており、観光産業へかかる期待は大きく、実際に下地敏彦市長もウェブニュースの取材で「年間40万人の観光客のほとんどが夏場に集中しており、5年くらいの間で50万人まで増やしたい。そのために国内はもちろん、韓国から宮古島へのチャーター便の本数を増やすなどの取り組みも行っている」とコメントしている。

宮古島市は、太陽、海、砂浜など、島の伝統的な魅力に頼っているだけでなく、観光客が集まりにくいシーズンオフに観光客を呼び込む方法を模索した。宮古島には、風光明媚なビーチ以外にも、豊かな文化的遺産と魅力的な歴史がある。例えば、15世紀から16世紀に宮古島を拠点としていた豪族の墓や、1720年に掘られた井戸などである。多くの興味深い遺跡があるにもかかわらず、実際にはそういった魅力を十分世の中に伝え切れていない。そこで、この宮古島を、かつて例のないユニークなキャンペーンを通じてプロモートし、あまり知られていない宮古島の隠れた魅力を伝えることを計画した。

認知獲得のカギは、若者のニーズに応えるコンテンツ力

このキャンペーンの目的は、前述の通り、島外からの観光客、特に都会に住む20代から30代の若者に対して青い海、白い砂浜以外の宮古島の魅力を知ってもらい、冬の旅行先の候補として関心を高めてもらうことだった。観光客の少ないこの時期を盛り上げることができれば、観光が主な産業となっているこの島の経済を底上げすることができる。ただ、これまで通りの方法で宮古島の魅力を広く知ってもらおうとしても、この情報過多の時代においては、全国から発信される無数の観光情報の中に埋もれてしまい、一般生活者の目に触れる機会が得られない可能性が高い。

そのため、このキャンペーンをわくわくするような面白いものにすれば、幅広いメディアに取り上げられ、

〝冬の宮古島〟のイメージアップに繋がることが期待された。

さらに、このキャンペーンの成功には、ニュースメディアによる報道だけではなく、ソーシャルメディアを通じた〝口コミ〟による拡散が重要なカギを握ると考えた。ターゲットに設定した都会の若者は、特にソーシャルメディアで友人や知り合いが体験したことに共感しやすいからである。

そんな現代の若者の心を揺さぶるような体験が用意されれば、その体験で得たストーリーを通して宮古島の魅力を拡散してくれるのではないか。この企画は、まず彼らの趣味・志向性・流行を分析し、どのようなコンテンツを展開すれば、彼らの心を揺さぶれるかを考えることから始まったのである。

島の魅力を伝える観光「資源」を「試練」で体験

そこで目を付けたのが、２００７年に京都で初のイベントが開催されて以来、若者を中心として人気を博している「リアル脱出ゲーム」だ。

そもそも「脱出ゲーム」とは、２００４年に発表され、爆発的な人気を博したネットの無料ゲーム「クリムゾン・ルーム」に代表されるアドベンチャーゲームのことである。閉鎖された室内や建物などの空間から脱出することを目的とするゲームだ。この「脱出ゲーム」をリアルの会場に移して行うゲームが「リアル脱出ゲーム」である。用意されたさまざまな謎を解きながら脱出（＝ゴール）へと続くヒントを探っていくというスリリングさと、出題される謎の難しさが多くの若者を夢中にし、マンションの一室や廃校、廃病院、さらに東京ドームや六本木ヒルズなど、さまざまな場所で開催されている。07年の京都での初開催以降、日本国内だけでなく上海、台湾、シンガポールやサンフランシスコなど、世界中で参加者を熱狂の渦に巻き込み、全世界で１６０万人以上の動員を記録している。今や、男女問わずあらゆる世代を夢中にさせる体験型エンターテインメントになっているのだ。

もしも、「部屋から脱出する」という脱出ゲームの枠を大きく超え、この宮古島全土を巨大なゲームの舞台としてリアル脱出ゲームをやれば、ゲーム好きの若者を島に引き込めるのではないか。島を舞台に行うという新鮮さ、斬新さがメディアにも興味を持って取材してもらえるのではないか。そこで企画されたのが、リアル脱出ゲームの企画・運営等を行うSCRAPと手を組んで制作した「リアル脱出ゲーム×宮古島――封印された島からの脱出」である。

業界でもここまでの規模は初めてであり、かつ奇抜なアイデアであったが故に、島民の理解を得られにくいのでは？　と予想されるが、宮古島ではもともと「全日本トライアスロン　宮古島大会」や「宮古島100キロワイド―マラソン」など、体力の限界を試す「試練」を体験するイベントが数多く開催されているという背景がある。トライアスロンやマラソン大会が開催される日には、朝から弁当を持って沿道に駆け付け、島外から来た人でも構わず応援するのが宮古島の市民性という。こういった新しい取り組みの場合、島民の方々が歓迎してくれていることも重要で、トータルとしてより多くの方々に宮古島を来訪してもらいたいという思いからくるイベントに関する許容性、島外の人に対する懐の深さがこのキャンペーンの成功の根幹にあるといえる。

リアル脱出ゲームのような知的な試練も観光の資源とし、島の魅力的な文化とあまり知られていない歴史的廃虚などを謎解きの題材に利用。アドベンチャーを楽しみながらも、脱出までの「試練」を体験するイベントを企画することがキーポイントとなった。宮古島は、青い海と白い砂浜が象徴する楽園であると同時に、「試練」を体験できるアドベンチャーアイランドの要素も併せ持つことを試みた。

島が一丸となって、参加者たちの挑戦を迎えた

1年目は、2014年1月から2月にかけ、土日、祝日に開催された。広告予算がなかったので、事前に集中的なパブリシティーキャンペーンを展開して集客を試みた。イベント開催数カ月前の13年11月に、「宮古島が封印された」という告知ニュースをリリースし、ターゲット層に向けて情報を発信していった。旅行会社や航空会社にも、この販促活動をサポートしてもらった。

イベント開催中は地元の新聞社にも協力いただいた。

ゲーム参加者に渡された号外

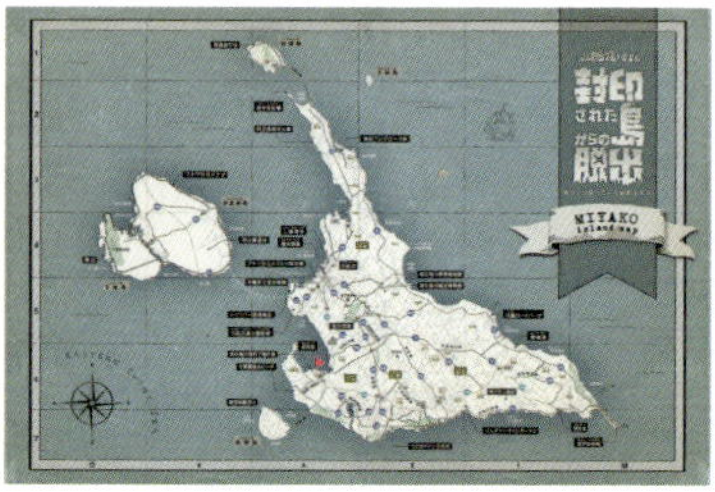

ゲーム参加者に渡された島の地図

島を探索する参加者たちは、地元紙の協力により発行された「号外」が配られ、記事の中で「宮古島が封鎖された」ストーリーを読むことになる。加えて、そこには宮古島の地図や参加者が答えなければならないクイズなどが印刷されており、冒険気分を盛り上げた。

また、開催を告知するポスターも用意された。これまでの明るく楽しい夏のイメージの観光ポスターとはまったく異なる、「封印された島から脱出せよ」という暗い〝試練〟を象徴するデザインとなった。

脱出ゲームにはストーリーが用意されるものである。例えば、14年のアドベンチャーのストーリーは次の通りである。

●2014年のストーリー

気がつくと、あなたは島の海岸に倒れていた。

自分がなにものであるか、何故ここに来たのか、まったく思い出せない。

かすかに覚えているのは、哀しそうな少女の顔。

あなたは手がかりを求め、島の探索をはじめる。

しかし、島に住む誰もこの島から脱出する方法を知らない。

あなたは島からの脱出を決意し、島の聖域を目指す。

聖域にたどり着くためには、謎や暗号を解き明かし、数々の難関を突破しなくてはならない。

島に隠された秘密とはなんなのか?

あなたの記憶は取り戻せるのか?

そして、かすかに覚えている少女は何者なのか??

あらゆる謎を解き明かし、封印された島から脱出しろ!!


この冒険を通じて参加者が島の住民と交流ができる

ような工夫も凝らした。島の探検家となった参加者たちは、文化的に貴重な観光資源や地元の豪族・仲宗根豊見親の墓など島の歴史上重要な史跡などを調べる際には、地元の人がヒントを出したり、地元の人と協力したりしながら謎を解明するような計画が立てられたのだ。

もちろん、参加者たちは、こうした大冒険の間もスマートフォンは手放さない。彼らは、時にはソーシャルメディアを通じて宮古島の魅力を全国に伝える〝記者〟になり、冒険の中で生まれた新たな発見に対する喜びをソーシャルメディアで拡散した。その内容は、訪れた場所の画像や、住民との触れ合いに関するエピソード、現地での食事の話題などさまざま。宮古島での楽しい経験が島の魅力を伝えるストーリーとなり、参加者たちは宮古島のスポークスパーソンになっていったのである。

このイベントは、全国放送のテレビ番組やスポーツ新聞、ネットニュースなどで広く取り上げられ、ソーシャルメディア等で話題になった。このイベントに関するツイッターでのツイート数は７５０万件を超えた。

参加者の様子

第1回が開催された２０１４年1月の宮古島への旅行者数は前年同月から減っているものの、２９２１人が「リアル脱出ゲーム×宮古島——封印された島からの脱出」に参加した。この数は、当初予想の約3倍の数字で、島に約2億円の経済効果をもたらすほどのインパクトを残した。参加者の約90%が、「満足した」または「大変満足した」と答えるなど、参加者から非常に高い満足度を獲得することに成功した。

また、ブランド総合研究所が14年10月に発表した「地域魅力度ランキング調査」では、宮古島市が13年の34位から19位に大きく上昇していることが分かった。

キャンペーンの成功に、宮古島市が本気になった

こうした「リアル脱出ゲーム×宮古島――封印された島からの脱出」初開催の成功で自信を深めた宮古島市は、さらに観光振興に力を入れようと組織改編にまで踏み込んだ。2014年11月に、宮古島市が新たな部署として、観光資源課ならぬ〝観光試練課〟を設置したのだ。

この観光試練課は、市役所内の正式な部署として発足し、もちろん辞令交付式も執り行われた。島にまつわるさまざまな〝試練〟を観光の〝資源〟という、冗談のような発想から生まれた新部署である。参加者の知力や体力を試すような〝試練〟をも観光資源にして、こうしたイベントのPR活動を観光試練課に集約することにより、さらに多くの人々に宮古島を来訪してもらいたいと考えたのだ。

予想通り、このユニークかつ大胆な取り組みには、島の内外から「何それ?」「いったい何をするところなの?」とさまざまな反響があったが、ユニークな部署名を付けることにより、多くの人に気付いてもらい、興味を持ってもらうことを重視したのだ。この点について宮古島市の下地市長は、発足当時のインタビューの中で、「市役所内では『この課はいったい何?』と思われるほどのインパクトある名称。発足直後から職員や市民の反応は良好で、まずは興味・関心を持ってもらえたという点で狙い通りだ」とコメントしている。

観光試練課辞令交付式の様子

さらなる成功のために、工夫を重ねる努力を

この「リアル脱出ゲーム×宮古島――封印された島からの脱出」は、2015年1月に開催した第2回で、

さらに大きな成功を目指して、PR活動にも工夫を凝らした。

そして、第2回の開催では、初心者でも参加できるように島内に謎解きのヒントが手に入る「ヒントカフェ」が3カ所用意され、参加者の裾野を広げる工夫をした。そして、ミステリーを解き明かした参加者には、正解者だけが交流できる場所も設定。記念となる証書を受け取り、島から「脱出」することが許された参加者たちの多くは、第1回同様、ソーシャルメディアを通じて友人・知人に、宮古島での大冒険が生み出したさまざまな思い出をシェアした。

2回の開催を終えて観光客に〝試練〟を与えた宮古島市が手に入れた成果

第2回が開催された2015年1月の旅行者全体数は、前年の2万7324人から増えて2万9797人となったほか、プロ野球オリックスの1軍キャンプがなくなったにもかかわらず、15年2月の旅行者総数は前年から増加している。さらに、14年度の旅行者は、前年度比3万1599人、7・5%増となる43万5500人で、宮古島市にとって過去最多を更新した。12月を除き毎月、前年同月を上回っているのが、宮古島自体の人気が高まっている証しである。

その取り組みと成果は海外のPR業界でも評価され、15年に「PRWeekアワード・アジア」にて、パブリック・セクター・キャンペーン・オブ・ザ・イヤー（金賞）、ジャパン／コリアPRキャンペーン・オブ・ザ・イヤー（銀賞）を受賞している。また、アジア・パシフィックSABREアワードで、宮古島のブランド構築が認められ、ダイヤモンドSABREという賞をいただいた。

通常の観光資源を紹介するだけのPRではなく、「試練」という従来とはまったく異なる視点でコンテンツを創造した、一見地方自治体らしからぬ〝発想の転換〟は観光客を増やすだけではなく、観光客と地元住民とのコミュニケーションも生み出した。特に「ゲーム」という若者に親和性の高いメディアを使うというアイデアは、全国各地の観光振興・地方創生にとっても参考になるかもしれない。

3

ストーリーテリングが成功した「大阪マラソン」

――参加者のエンゲージメントを創り出す

２０１１年から始まった「大阪マラソン」は、16年に第6回の大会を終え、次回大会の準備に入っている。

過去6大会の運営を受託した電通関西支社のチームの中で、私たち電通パブリックリレーションズは、大会広報事務局としてメディア対応領域を担務している。その業務領域は、ＰＲ戦略プランニングから、ニュースリリースの制作、配信。取材要綱の策定。取材申し込みの受付業務。大会当日には、スタート、フィニッシュほか複数設けられたプレスエリアの管理、競技記録の発表のほか、ミックスゾーン（スポーツ競技場の取材専用の場所のことで、報道関係者が選手へのインタビュー活動を行うエリア）や表彰式での報道対応、優勝者記者会見の開催などを行い、大会終了後もクリッピング業務など、準備期間から報告業務まで長期かつ多岐にわたっている。

ここでは、「大阪マラソン」について、当社が担務するこれらのメディア対応の領域だけではなく、ＰＲの視点でどのようにコミュニケーション全体に取り組んでいるのかを、２０１５年の第5回大会の実施内容に基づき記述する。

都市型市民マラソン大会が有する価値とは

マラソンブーム、ランニングブームといわれて久しく、多くの都市で市民マラソン大会が開催されている。このブームの火付け役は、２００７年から開催されている「東京マラソン」であろう。都心部をマラソンコースとして、日本最大規模の3万6000人のランナーが街中を走る。国内外からランナーが集まり、沿道から応援する人が街にあふれる。そして、女性ファッション誌がその時期にあわせてランニング特集を組み、著名タレントが「東京マラソン挑戦」を宣言し、市民ランナーもソーシャルメディアで自らの練習内容や「東京マラソンに当選した！」といった声をあげたことで、マラソンは「みるスポーツ」から、「するスポーツ」へと変貌を遂げた。

東京マラソンは日本を代表する一大イベントとなり、海外からのツアーが組まれたり、国内でも全国からランナーのみならず、その家族や友人らを伴って宿泊付で参加するなど、まさにスポーツツーリズムの成功事例となった。

大阪マラソンの誕生には、当時の橋下徹大阪府知事による「東京マラソンのような市民参加による都市型マラソンを大阪でも開催できないか」という提言を機に開催が検討され、大阪府、大阪市、大阪陸上競技協会の3者の主催により、11年10月に第1回大会が開催されたという経緯がある。

大阪マラソンと時を同じくして、前年の10年12月には奈良マラソン、同年度に神戸マラソン（11年11月）、京都マラソン（12年2月）、名古屋ウィメンズマラソン（12年3月）と日本を代表する大都市で都市型市民マラソンが一気に広がった。

特に関西においては隣接県がそれぞれ個性的な大会を開催することで、参加するランナーも「三都マラソン制覇」「大阪完走。次は神戸！」などといったソーシャルメディアでの書き込みを多数投稿し、大会認知、参加意欲の向上に相乗的効果をもたらしたと言えよう。

そして現在、都市型市民マラソン大会はまさに百花繚乱の時代となった。15年2月に姫路城の修復工事完成を機とした「世界遺産姫路城マラソン」、同年11月には北陸新幹線開業を記念しての「富山マラソン」「金沢マラソン」、また、山陽エリアでは「おかやまマラソン」の第1回大会が開催された。

いずれの大会も地域特性を生かし、県外からの参加促進に注力している。規模の大小はあれ、地域にとっては、沿道応援やボランティア参加を含め10万人単位で人が動くことで「地域活性」の成果としても捉えら

大阪府庁本館前をスタートする3万2000人のランナー

※大阪マラソン大会概要
種目：マラソン（登録・一般・車いす）
チャレンジラン（8.8km）
定員：32,000人
（内訳）マラソン：30,000人
チャレンジラン：2,000人
大会ボランティア：10,000人

れている。

大阪マラソンも回を重ね、15年10月に開催された第5回大会では、規模が大きくなり、定員も3万2000人と増え、コース沿道には130万人を超える大会観衆の熱い応援を集める一大イベントとなった。

大会当初より「みんなでかける虹。」をスローガンに、参加するすべてのランナーをはじめ、観客、ボランティアスタッフなど、多くの方々にチャリティーに参画する機会を提供するなど、チャリティー文化の普及を目標としていることも特徴の一つである。

PRの役割は、ターゲット層の意識変化・態度変容

ここからは、大阪マラソンにおいて何を伝えていくべきか、誰をターゲットにしていくのかというPR戦略について考えてみたい。

昨今、最新の「PR」を語るときに、「エンゲージメント」「ストーリーテリング」という言葉が多用されるようになっている。Part2-1「生活者を取り込むストーリーをつくる――熊本県『くまモンほっぺ紛失事件』」でも解説したが、ここでもう一度説明する。「エンゲージメント」とは、英語で「関与すること」である。しかしその意味合いには、〝ポジティブ（好意的）〟で〝プロアクティブ（リアクティブではなく、積極的に関わろうとする）〟な意味が含まれている。

ターゲット層を中心とするパブリックが、ここでは「大阪マラソン」の価値に共感を持ち、プロアクティブにポジティブな行動を起こすことがこのプロジェク

トにおける「エンゲージメント」である。いったん強固なエンゲージメントが構築されると、大会のサスティナブル（永続的）な成長を支える無形の資産となることも期待できる。

本来、ＰＲの目的は一方的に情報を広めるだけではなく、ターゲット層を含めたパブリックの意識変化を経て生み出されるエンゲージメントの構築・強化、そしてその結果導かれる態度変容である。

価値への共感を得るために、そしてターゲット層の態度変容を促すためには、彼らにとってレリバントな（親和性のある）情報を、レリバントな方法で伝達しなければならない。そのためには、ターゲット層が感情的コネクションを築けるような〝ストーリー〞が必要になる。無機質なファクトやデータをそのまま伝えるのではなく、自分にも関係あることだと思わせるようなものでなくてはならない。例えば、ターゲット層が興味や関心を持っていることと組み合わせることにより、彼らが共鳴し、納得できるストーリーを用意する。ストーリーはフィクションであってはいけないが、ターゲット層が「他人ゴト」ではなく、「自分ゴト」だと思えるようなストーリーとして伝える「ストーリーテリング」が重要となる。

このストーリーの語り手、すなわちストーリーテラーは、もはや企業や自治体といった、ＰＲの主体やニュースメディアだけではない。いったん「自分ゴト化」し、感情的コネクションをつくり、エンゲージメントを構築した生活者は、今度は自分がストーリーテラーとなり、ソーシャルメディアなどで自らのストーリーとしてメッセージを伝えていく。これが「コ・ストーリーテリング（共同でストーリーを作って伝えていく）」である。参加するランナーや支える人たちのエンゲージメントを築けば、彼らが語り手となってストーリーを伝えてくれるのである。この「ストーリーテリング」の連鎖がうまく働けば、ブーム（「社会ゴト化」）を起こすこともできる。

大阪マラソンにおいては、何をストーリー化し、誰がストーリーテラーになり、どのようにターゲットやパブリックのエンゲージメントを生み出せるのかを考える。

沿道応援のハイタッチで元気をもらう

走る人だけでなく、走らない人にも魅力訴求

大阪マラソンに関与するステークホルダー（利害関係者）は多岐にわたる。大別すると「走る人」と「走らない人」が存在する。「人」と表現しているが、「企業」「団体」などの人の集団もそこには含まれている。

走る人、すなわちランナーに対しては、「走ってみたい、出場したい大会」の魅力訴求が求められる。

また、走らない人に対しても魅力を訴求していかなければならない。それは、「支える人」として関与していただかねばならないからである。例えば企業・団体であれば大会スポンサーや共催、後援、協力といった立場で支えていただく。個人であれば、大会ボランティアとして大会に関与していただく。さらには、企業、団体、個人に関係なく「沿道から応援する」という行動も大会を支えるという意味では不可欠である。そして大阪マラソンの特徴であるチャリティーへの理解、協力。これは、大会への共感が得られなければ成立しないアドボカシー（支持・擁護）である。

大阪マラソンは、参加ランナー3万2000人、ボランティア1万人、沿道応援130万人という数字に表れる人数以上の参加者が存在している。それぞれの立場の人に向けた「大会の魅力」こそがストーリー化されるべきコンテンツである。では、大阪マラソンらしい「大会の魅力訴求」を、どのようにストーリー化するかを考察してみる。

魅力発掘、ストーリーのもととなる参加者の声をニュースレターに

大阪マラソンでは、ウェブエントリーの応募者から、大会に懸ける思いやメッセージを募集している。例え

ば「完走したらプロポーズするぞ！」「病気を患った家族を勇気づけるために完走するぞ！」「生まれ育った大阪を走りたい」といった熱い思いの込もった投稿をいただく。

　これらのエピソードを読み込み、ストーリー性のある投稿をピックアップし、追加取材などで編集したニュースレターとしてメディアに配布している。ランナーだけでなく、ボランティアの方のストーリーなども紹介し、特集や密着取材の参考資料として活用させてもらう。

　大会の共催新聞社である読売新聞は、全国各地から出場するランナーが大会までのトレーニングに励む様子と共に、大会に懸ける思いを取材し、それを各地方版で記事として掲載する。

　大阪でマラソン大会があるという事実だけでは、マラソン愛好家を除き、関西以外に住む生活者には「自分ゴト」として捉えることができない。しかし、その大会に出場するわが町の「人」のストーリーが紹介されることで、その地に暮らす人々が大阪マラソンを「自分ゴト化」し、感情的コネクションも構築される。

「大阪ならでは」の地域特性を生かしたＰＲ

　参加者からは「大阪マラソンは応援が熱い」と高い評価を得ている。１３０万人の沿道応援という規模も

「おもしろ沿道応援」はウェブサイトでも紹介

さることながら、大阪らしさが出るのは、その応援の中身。「笑いで元気づける」その手法は、まさに人情あふれる大阪ならではのものである。

一例を紹介すると、

「歩いたらあかん！　マラソンやったら走らんかい」

「しんどいのんは、気のせいやー」

「あと、たったの22キロ」

など、どれも秀逸。走っているときに飛び込んでくる「思わず笑ってしまう応援」には、応援する人も大会の参加者であり、その応援の支えでランナーも完走を目指すという関係が生まれている。

「こんな面白い応援で元気づけられた」ということが報道で紹介されたり、ソーシャルメディアに投稿されたりすることで、大阪マラソンの魅力訴求につながっている。

面白い応援画像は、大阪マラソンの公式フェイスブックページやツイッターアカウントに投稿できるようになっており、それらの画像はオフィシャルウェブサイトに掲載されるようになっている。

こうした面白い画像は、マラソンに興味がない層をも惹きつけることに成功し、彼らの「自分ゴト化」を促している。

昨今のストーリーテリングは視覚的に訴えることが重要であるとされている。「インスタグラム」など、写真、ショートムービーを共有するソーシャルメディアなどが普及し、誰もが、画像や動画で自分の体験をシェアしたいという時代には、「ビジュアルストーリーテリング」がポイントとなるのである。

もう一つの「自分ゴト化」を促すコンテンツは、大

大阪マラソン名物の給食所「まいどエイド」

阪ならではの「食」。食い倒れの街「大阪」らしく、エイド（給食）の充実も評価が高い。フィニッシュまで残り10キロとなる32・5キロ地点（住之江公園前）に設置する給食所は、もはや大会の名物となっている。

この給食所「まいどエイド」は大阪市商店会総連盟が運営しており、この日のために市内の商店街が協力し合い、28品目のメニューで総数13万400個が提供される（第5回大会実績）。

街を挙げての協力体制が成立し、それを楽しみにしているランナーをもてなす。

まいどエイドは独自でオフィシャルウェブサイトを運営し、フェイスブックページなどでも情報提供している。「まいどエイド攻略法」などの情報もアップしており、マラソンに興味がない人が見ても楽しめる。

こういった地域コミュニティーを巻き込みながら運営していくことも、イベントを盛り上げる上で重要な要素となる。地域コミュニティーが、マラソンを「自分ゴト化」し、自ら盛り上げようとするようなコミュニティーリレーションズも欠かせない。

社会課題解決への参画というエンゲージメント

大阪マラソンは世界一のチャリティーマラソンを目指して、独自のプログラムを掲げた〝チャリティーマラソン〟として実施している。ランナーには参加料とは別に募金の協力をお願いしたり、一定の寄付額をクラウドファンディングで集めることを宣言するチャリティーランナーの制度もある。ランナーだけではなく、コース沿道の10カ所でも募金を受け付けるなど、応援している人もチャリティーに参加できるようになっている。また、各界の著名人をチャリティーアンバサダー（大使）とし、チャリティーへの協力呼び掛けなどのPRも行い、広くチャリティーに参加していただける機会を設けている。さらに、ランナーが選択した支援したい寄付先ごとに、色別のチームに分けるという工夫もされている。見知らぬ者同士であっても、社会課題の解決への一助となるチャリティーのアクションが、参加者に仲間意識を生むことも大きな魅力の一つである。

世界で認められるマラソン大会としてのPR

大阪マラソンは、大阪のシティープロモーションとして、インバウンド観光客の獲得も目的として併せ持つ。今、大阪は大阪府、市、各種団体や民間企業など、オール大阪で精力的にインバウンド観光マーケティングに取り組んでおり、その成果の一つとして、この大阪マラソンの成功を見せている。

この活況とも相まってか、第5回大会では、エントリー総数のうち、アジアを中心に欧米など54の国と地域から、過去最高の7478人（2014年大会の5304人から約4割増）のエントリーが寄せられた。

PR施策としても、海外へのプレスリリース配信やエントリーサイトの多言語化などと共に、旅行代理店へのプロモーションが実を結んだ結果である。

海外ランナーが増えることは、インバウンド効果だけでなく、世界に向けて大阪マラソンの魅力が伝わるというメリットがある。当然彼らは、写真や動画を交えてソーシャルメディアで、マラソンの体験を友人や家族とシェアするからである。

年々増えている海外からの参加者

世界のマラソン大会に目を移すと、日本とは比較にならないほどのチャリティー募金が集まるという。今後も国内のチャリティー文化の醸成に取り組むとともに、世界で認められるチャリティーマラソンに成長していくことで、大会のステータスも向上し、海外からの参加者が増えるという好循環の環境が生まれることに期待したい。

まとめ

● 「自分ゴト」化を起こすストーリーは、参加者の声に耳を傾けることから発掘できる。「参加」の動機付けとなる「走る楽しみ」「応援する楽しみ」「支えることの楽しみや、やりがい」などにヒントがある

● コ・ストーリーテリング（ストーリーテリングの連鎖）による「社会ゴト化」（ムーブメント）をつくるには、より多くの層を巻き込むことである。例えば、まいどエイドに参加する商店街の協力者など、非関与者と思われる人たちとマラソンとの接点をつくり出すことで、語り手が拡幅する

● インスタグラムなどの普及で、ビジュアルストーリーテリングが重要になる。誰もが共有したくなるような絵作りがポイントとなる。通天閣や大阪城など大阪らしいコースからの景観だけではなく、そこに「食」があり、「笑い」があるといった、大阪らしいビジュアルコンテンツが共感を生む

完走を喜ぶ多くの市民ランナー

1年に一度、大阪市街がマラソン一色になる日は、世界各国からランナーが集まり、チャリティーを通じて社会課題解決に参画する。ランナーやボランティア、さらには沿道で応援する人たちすべてが「大阪らしさ」を共感し、エンゲージメントを生み出すことが、大阪マラソンが目指すべき価値であると言えよう。

世界に通用する市民マラソン大会として、その価値を伝えることこそがPRの役割と認識している。

（写真提供：大阪マラソン組織委員会）

4

オール大阪で取り組む「大坂の陣400年」

――戦国時代最後の大合戦を振り返り、地域の魅力を再発見

ここでは、電通関西支社、電通パブリックリレーションズがサポートした「大坂の陣400年」をテーマに、都市の魅力を発信したPRを紹介する。

大阪府、大阪市では1614年、15年に大坂（現大阪）城など府内各地を舞台に繰り広げられた大坂の陣（冬の陣・夏の陣）から400年となる2014、15両年を「大坂の陣400年」と位置付け、大阪が培ってきた歴史・文化やまちの魅力を広く発信し、大阪を活性化させる「大坂の陣400年天下一祭」を開催した。

大坂の陣400年天下一祭のポスター

2014年度を「冬の陣」、15年度を「夏の陣」として、コアイベント会場である大阪城公園を中心に、大阪全域で催しが開催された。

大阪府・大阪市・民間＝オール大阪で臨む「大阪都市魅力創造戦略」

この事業の背景には、大阪府と大阪市が取り組む「大阪都市魅力創造戦略」があった。これは世界が憧れる

都市の魅力を創造し、世界中から人、モノ、投資などを呼び込み、「強い大阪」を実現することを目的とした。

また、この戦略では、大阪城公園の歴史的観光拠点化を目指し、民間事業者が総合的かつ戦略的に、公園全体と公園施設の一体管理を行う日本初の「観光拠点型パークマネジメント」構想が掲げられていた。

これは「民が主役、行政はサポート役」という基本的な考えの下、民間事業者の柔軟かつ優れたアイデアや活力を導入し、世界的な歴史観光の拠点にふさわしいサービスの提供や、新たな魅力の創出を図ることを目的に行うもので、「大坂の陣400年天下一祭」の大阪城コアイベントは、この「パークマネジメント事業」導入のタイミングで行われた「大阪城のにぎわいづくり」であった。

「大坂の陣400年プロジェクト実行委員会」の構成は、大阪府・大阪市・経済団体、鉄道事業者、マスコミなど民間企業、大阪城天守閣、大阪観光局などの各種団体からなり、まさに「オール大阪」の取り組みであった。こうすることにより、大阪府・大阪市だけではなく、参加した企業による自主的なPR活動も行われるというメリットもあった。

「大坂の陣400年天下一祭」におけるPRのポイント

「大坂の陣400年天下一祭」のように、その地が有する観光資源を核に、中長期的に集客を促す事業は、他の自治体においても取り組まれていることが多い。

例えば「○○○○博」「○○周年記念事業」「○○○○没後○○年事業」など、周年を機としたイベントが挙げられる。また、大河ドラマのテーマに合わせて、ゆかりの地や人物との関係性を謳う観光キャンペーンも影響力が高く、各地域がこぞって大河ドラマの誘致に名乗りを上げていることから、観光PRの王道ともいえよう。

このような事業において、「効果的なPR戦略立案のためのポイント」を考えてみたい。

①ターゲットを絞り込まない

「大坂の陣400年天下一祭」では、あえて歴史ファンだけにターゲットを絞らず、「大坂の陣」について詳しく知らない、低関心層の子どもや若者、さらには外国人観光客も楽しめる新しい要素を取り入れた。

例えば、音楽ライブ、グルメイベントや、吉本興業では「大坂の陣」をテーマにした「よしもと新喜劇」の公演など、実行委員会に名を連ねた在阪の新聞社、放送局、雑誌社などが主体となって事業が多様化したことで、歴史ファン以外の層に、「大阪城」という場所や「大坂の陣」という史実へのアプローチができたと言える。重要なことは、その観光資源の魅力に触れてもらえる機会、すなわち情報接触機会をいかにつくるかであり、その情報に触れた人に共感や発見を与えられるかであると考える。

②爆発よりも継続

PR担当者として、爆発的な話題化を望まない者はいないだろう。しかしながら、特に中長期間にわたるイベントでは、会期中の継続的な情報発信も重要であることを忘れてはならない。

もちろん、地方自治体が行う事業の概要発表や開幕というのは、報道される最初の機会であり、注力すべきPRのタイミングであることは言うまでもない。

かくいう「大坂の陣400年天下一祭」も冬の陣2014の開幕直前に東京でPRイベントを開催し、28社の取材があり、全国ネットの生中継のほか、首都圏メディアを通じ全国に発信することができた。また、会期前日の内覧会と初日の「出陣式」と称したオープニングセレモニーでは、合わせて31社の取材があり、関西地区を中心に大きく開幕が報じられた。

われわれPR担当にとって、最初のPR機会で弾みをつけられたことは何よりであったが、重要なことは、いかに話題を継続させるかであった。

この「話題の継続化」については、前述の通り、在阪のマスコミ各社が主体となって、大阪城公園内外で「大坂の陣」に関するさまざまなイベントや事業が期間中途切れることなく開催されたことで、長期間にわたり常に大阪城の魅力、大阪の魅力が発信されていた。これは、オール大阪の取り組みの成果であると言える。

一方で、マスコミ各社が事業者として参加していない事業やイベントのPRは、われわれPRチームの知恵の出しどころであった。イベントの企画段階から参画し、PR視点でのエリア選定や実施日程にも意見を出すなど、マスコミ取材はもちろん、観光客などにソーシャルメディアで発信されることを意識し、何を語るか、どう伝えるかを工夫した。

「PR IMPAKT®」戦略的な六つの視点

工夫のポイントは、電通グループ独自の戦略PRの視点「PR IMPAKT®」である。「PR IMPAKT®」は、いわばニュースを生み出す仕掛け（シナリオ）づくりをサポートするフレームである。「PR IMPAKT®」は次の六つの言葉の頭文字を取ったものである。

①Inverse：逆説、対立構造

対立する二つのものの組み合わせや逆説のロジックで、ニュースやストーリーに意外性を持たせる手法。例えば、「夏の冷え症対策」など、「夏」と「冷え症」など、意外な組み合わせを提示する。

②Most：最上級、初、独自

ニュースメディアは、「世界初」「日本初」「女性初」「世界一」「日本一」などが盛り込まれたニュースを好む。たとえ世界初や日本初ではなくとも、「○○初」「○○では最高記録」といった情報は出てくるものである。

③Public：社会性、地域性

メディアは、社会的関心、国家的アジェンダ（政策課題）を意識しながらニュースを追うことが多い。単に「新製品です」と言って発表するのではなく、社会的視点を加えて情報を発信することで、関心層が広がり、ニュースとして取り上げられやすい。また、どのメディアも「地元枠」を持っていて、地域ごとに関心の高い情報を掲載する。「地域ならでは」や「地域を代表する」社会的関心に結び付けた視点で情報をデザインする。

④Actor／Actress：役者、人情

多くのメディアには、人にフォーカスしたニュースやストーリーを伝えるスペースや枠がある。そのため、知事、市長、自治体のマスコット、その他、その地域出身の芸能人やスポーツ選手などを起用して、ニュースを伝えると取り上げられることも多い。

⑤Keyword：キーワード、数字

新聞の見出しには、限られた文字数で記事全体を伝えるためのさまざまな工夫がされている。その一つに、

キーワードがある。プレスリリースなどを出すときは、インパクトのある言葉で、ニュースの内容を象徴するようなものをあらかじめ用意しておけば、記者の注意を引き、記事の展開がしやすくなる。

⑥ Trend：時流、世相、季節性

「節電」「次世代」「高齢化」「インバウンド」など、社会的なトレンドや課題は常に、どこかに存在する。そういった社会的なトピックと発信したい情報の接点を見つけて発信することで、興味を持つ人が広がる。

ここからは、この「PR IMPAKT®」の視点で情報デザインされた「大坂の陣400年天下一祭」の大阪城コアイベントや取り組みを紹介する。

取材で必ず聞かれた質問「負けたのにイベントするの?」「いえ、違うんです」

〈Inverse：大坂の陣すなわち、東京VS大阪の対立構造〉

特に東京のメディアから、幾度も聞かれたことは「大坂の陣は、いわば大坂の負け戦なのに、それを記念してイベントするの?」という質問であった。「豊臣家VS徳川家」、これを東京VS大阪の対立構造とみて、しかも「負けた」という史実があるなかで、「もし勝っていたならば、今ごろ大阪は首都になっていたのでは。どこがめでたいのか」という視点での質問である。

しかしこの問いに対する答えこそが、このイベントを伝える重要なポイントであった。

大坂の陣は、戦国時代に終止符を打ち、以降の泰平

大坂城天守閣前の本丸広場特設舞台で初開催された「大阪城本丸薪能」

の世のきっかけとなった戦である。以降、大坂は「天下の台所」と称されるなど、民のまち、商いのまちとして江戸と並ぶわが国屈指の大都市として繁栄した。そして近代以降も、大阪は東京と並び、日本を代表する世界都市として発展し続けている。大坂の陣があったからこそ、大阪が発展し、今日の日本の発展がある。400年という節目に、その歴史を振り返り、今の大阪の魅力を再認識、再発見してもらいたい」とわれわれPR担当は回答し続けた。

「大坂の陣400年天下一祭」ならではのイベントが満載

〈Most：大阪城で「初」「期間限定」〉

パークマネジメント構想の考え方の下、「大坂の陣400年天下一祭」ならではの大阪城で「初」や「珍しい」といったイベントも多数開催された。400年の歴史の中で「初か？」と改めて問われ、答えに窮することもあったが、「初」「復活」「今だけ」といった価値は、強力なキーワードとなった。

大坂城落城の日に400個の行灯に明かりをともす

「大阪城　天下泰平の灯」

〈Public：「天下泰平」「大阪のさらなる発展」〉

〈Keyword：「400年」「落城の日」〉

前述の「負けたのにイベントするの？」という問いの答えを体現したイベントが「大阪城　天下泰平の灯」であった。

大坂夏の陣で大坂城が落城した1615年5月7日から400年という節目の日に、戦乱の世に終わりを告げ、天下泰平の世が訪れるきっかけとなった日として、大阪のまちのこれまでの発展を称え、これからの進展と泰平を祈念する、という趣旨である。

大阪城に来場された方々がつづった大阪への願いごとやメッセージを行灯に貼り付け、400年にちなんで400個の行灯を「天下泰平の灯」として大阪城天守閣前で点灯した。

「大坂の陣400年天下一祭」のイベントの中でも決して大規模な部類に入るものではなかったが、「きょうは何の日？　大坂城落城の日、すなわち天下泰平の世が訪れた日」という文脈で、「天下一祭」の趣旨を伝えるにふさわしいイベントとして、多くの取材があり、中央紙の1面をも飾る成果も出た。

意外と知らない「大坂の陣」「大阪城」の歴史を最新の映像技術で紹介

〈Trend：「4K映像」「ドローン空撮」〉

２０１４年開催の「冬の陣」では、大坂の陣を学ぶアミューズメント施設として、最新映像技術を駆使した「武将ホール」「侍ミュージアム」が注目を浴びた。

日本語だけでなく、多言語のガイド機能も備え、大阪城を小型無人機「ドローン」で空撮した3D映像や高精細な4K映像を3面に配した4Kマルチサイネージ（看板）で、大阪城の歴史や大坂の陣の歴史を学べる演出であった。

「最新の映像技術！」「大阪城公園に期間限定！」「大人も子どもも、外国の方も楽しめる」といった要素がPRにも大きく貢献し、会期中、最も取材が多かった事業であった。

大阪城の見どころでもある石垣を間近で見ることができる天下一の黄金の和船「大阪城御座船」。お堀を巡る遊覧船の営業は、大阪城公園では、初となった

対マスコミPRだけでなく、海外向け、旅行会社向けと多岐にわたったPR活動

行政が主体となって行うイベントなどの「PR業務」は、いわゆる狭義のPRとしてのマスコミパブリシティにとどまらず、ウェブサイトの運営、広告などの業務を指す場合が多い。「大坂の陣400年天下一祭」のPR業務も、実行委員会構成メンバーや、実行委員会事務局と連携し、マスコミPR、ウェブサイトの運営やソーシャルメディアでの情報発信のほか、観光事業

者への情報発信、旅行会社への商品づくりのためのPRなど法人同士（BtoB）のコミュニケーションも含め多岐にわたった。

新聞やテレビの取材で天守閣の写真や映像が掲載されることはもちろん、イベント参加者や観光客自らがソーシャルメディアで発信する際の絵づくりポイントという視点も重要である。

そのため、PRを担当したわれわれもイベントの企画立案段階から参画し、PR視点でのエリア選定や実施日程にも意見を出すなど、マスコミはもちろん、ソーシャルメディアで発信されることを意識した。

一方、大阪城以外でPRするための施策も必要とされた。その例をご紹介する。

武将隊　大坂RONIN5の活躍

〈Actor／Actress：役者・キャラクター〉

全国各地には、その地ゆかりの武将をモチーフにした「武将隊」が存在し、観光客をおもてなしする役割を担い、人気を博しているが、この大坂の陣400年を機に、大阪にも武将隊「大坂RONIN5」が誕生した。休日の大阪城での演武ステージや、大阪市内、府内の各種イベントに出向いてのPR活動のほか、東京や関西近隣県での観光PRイベントへの出演、マスコミへの出演も積極的に行った。

また、海外からの観光客船の寄港レセプションでおもてなしを行うなど、まさにフル稼働の活躍であった。

意外かもしれないが、この武将隊には豊臣秀吉も豊臣秀頼もいない。大坂RONIN5は、豊臣軍の主力として最後まで果敢に奮戦した浪人5人衆として、真田幸村、毛利勝永、長宗我部盛親、後藤又兵衛、明石掃部が平成の世に転生した姿と設定された。

ここでも、圧倒的知名度に頼ることなく、大坂の陣ゆかりの武将の名を知ってもらおうという意図があった。

大坂RONIN5

大坂RONIN5の演者は、プロの俳優、タレントでキャスティングしたことも特徴と言える。キャリアは浅いが、個々にドラマや情報番組などに出演し、劇団で公演をこなす彼らは、すでに情報発信拠点を有しており、ソーシャルメディアとの親和性も高かったと言える。

空の玄関口、関西国際空港に黄金に輝く「茶室」が出現

〈Trend：「インバウンド人口急増」「クールジャパン」〉

２０１４年８月、天下一祭の冬の陣の開幕を控え、関西の玄関口である関西国際空港の国際線到着ゲートを出てすぐの場所に、黄金に輝く茶室が突如出現した。「黄金の茶室」は、豊臣秀吉が愛用したことで知られ、運搬が可能な組み立て式で、当時は御所や北野大茶湯などで披露されたといわれている。この茶室は、大阪城天守閣にも複製が展示されており、大阪城を訪れたら、ぜひご覧いただきたいスポットとして紹介した。クールジャパンで日本の茶道も海外で注目を浴びているところである。

「移動式の豪華絢爛な茶室でおもてなしをする」という秀吉に倣い、海外から大阪に降り立った観光客をお出迎えするスポットとして設置され、ひときわ目を引く黄金の茶室は、多くの外国人観光客の記念撮影スポットとなった。

まとめ

- 大阪府・大阪市のプロジェクトではあったが、官民オール大阪で取り組むことにより、参加した個々の民間企業による多面的なＰＲ活動も行われた
- ターゲットは絞り込まず、発信するコンテンツも幅広く用意した
- 2年間の長期にわたるイベントで、勢いを閉ざさないよう継続的にニュース発信を行った
- 「ＰＲ　ＩＭＰＡＫＴ®」の視点で、メディアに取り上げられやすい情報発信を行った
- 情報発信はニュースメディアにだけ頼るのではなく、来場者によるソーシャルメディアでの口コミ拡散が行われるよう、絵づくりを心掛けた

Part 3

改革は細部に宿る
——ＰＲ手法

ＰＲの手法も、
ちょっとした「伝える努力」の積み重ねで、
大きな変化を生み出すことがある。
ここでは、基本ツールである広報紙から
最近注目の映像コンテンツまで
成功ポイントをお伝えする。

1 伝わる広報紙とは

――さいたま市議会だより『ロクマル』の挑戦

　ここではまず、さいたま市議会と取り組んだ「議会広報紙の改革」を取り上げる。地方自治体は、パンフレット、チラシ、ポスターなどたくさんのＰＲ制作物を作っているが、それらは本当に市民に届いているのだろうか。そんな疑問を持って、以前、役所や公民館を回り、どのくらい置かれているのか、調べたことがある。その結果、多い所では２３０種類ものパンフレット、チラシが置かれていた。ＰＲ制作物は、まず手に取ってもらい、読んでもらわなければ、単なる紙くずになってしまう。市民に目を向けてもらう作成方法のポイントについて、さいたま市議会における事例を通して、まとめてみたい。

身近なはずの市議会、しかし……

　テーマは、議会広報紙。全国に１７００余の市町村があり、その多くで議会の情報を広報紙で提供している。首都圏の中核的な都市・さいたま市議会が行った市民アンケートでも「市議会のことを知る方法」のトップに「広報紙」（70・９％）が挙げられている。全戸に配付しているから、確実に届いているはずだが、読んでいるかどうかは別だ。

　アンケートでは、どの程度読んでいるのかを尋ねた。「いつも読んでいる」は60代で３割、50代以下は１割を切っている。読んでもらえなければ意味がない、との問題意識から改革が始まった。

そもそも関心が低い。市町村議会（地方議会）は、生活に密着した審議をしているにもかかわらず、国会の方が身近だ、という人が少なくない。連日、テレビや新聞などマスメディアを通じて見聞きするからだ。さらに、広報紙をめくったときの印象が難解で堅苦しく、「付託された市長提出議案の審査」「付託案件以外の各常任委員会所管事項」など、独特の議会用語が連発されており、読むのがしんどい。

作成する立場になって分かったことだが、議会の特性から、広報紙で個人に焦点が当たったり、政党間のバランスを欠いたりしてはならない。当然、正確性も保持しなければならない。文字を増やすと「読むのが大変」、文字を減らすと「中身が薄くなる」というジレンマの中、さいたま市議会では、アンケートで分かった市民のニーズに着目。「市議会のことが身近に感じられる情報を」「親しみやすく」「ポイントを絞って」「文章を分かりやすく」「短時間で読めるボリュームに」「見出しを分かりやすく」「写真やイラストを多く」を踏まえた紙面づくりに取り組んだ。

問題点を整理し、改革の戦略を固める

◇従来の広報紙の問題点を整理

・正しいが「難解」。用語が分からない
・紙面の印象が堅く、とっつきにくい
・議会の臨場感が伝わってこない
・議会のやりとりと自分の生活がつながらない
・議会が果たしている大切な役割が伝わらない

◇リニューアルの方向性

・「市議会だより」の第一印象を変える
・文章を読みやすく、親しみやすく
・双方向性を持たせる
・他の媒体と連携する

◇ターゲットの設定

クリエーティブのイメージターゲットを、地域に口コミネットワークを持つ子育て世代（30代）の女性に設定。彼女たちが読みたくなる広報紙を作成することで、同世代はもちろん、男性やシニア世代への広がりも期待した。

具体的には、イラストカットに30代女性を描いたり、

見出しの言葉遣いを30代女性が語っているように作成したり、子育て支援施設を訪問してインタビュー風景を撮影したり。ただし、あくまでもクリエーティブのイメージターゲットであり、熱心に読んでくださっているのは60代以上であるというアンケート結果を踏まえ、文字のサイズは新聞を参考に小さ過ぎないよう配慮し、行間も十分に確保した。

具体的な改革の内容

(1)第一印象を変える

①愛称「ロクヨン」の導入（議員数をそのままタイトルに）

まず、広報紙の表紙。これまで正式名称である「市議会だよりさいたま」の文字が大きく表示されていたが、これでは議会に関心がない人は、最初から見ない。とはいえ、正式名称を変更するのは手続きが必要なため、愛称として、新しい名称を導入することにした。その名は「ロクヨン」。市議会議員の数である64人にちなんだもの。「ロクヨン＝64。64人の議員は市民の代表。さいたま市議会の動きをコンパクトに伝えます」と説明を加えた。せめて議員数だけでも知っておいて

リニューアル前の表紙

リニューアル後の表紙

ほしいという願いも込めている。

２０１１年6月1日発行号からは、「ロクマル」に改称。これは議員定数が64人から60人に減ったことを受けてのものだが、「タイトルが変化していく広報紙」というユニークさが市民のブログなどで話題になった。議員定数を減らす取り組みは議会改革の一環であり、

タイトルを改称した表紙

その進捗を広報紙のタイトルをもって伝えることもできる。

② 表紙を全面イラストに

表紙のビジュアルは、市の職員が撮影した写真から、全面イラストに変更した。表紙は「顔」なので、内容を要約した文章を最低限に絞り、思わず手に取りたくなる優しいタッチのイラストで作成した。

工夫した点は、市内にある10区の「日常の風景」を順番に描いていくこと。さいたま市は4市（浦和市、大宮市、与野市、岩槻市）が合併した結果、面積が広がり、市民の間では居住区以外への愛着が希薄になっていた。「市議会への関心は、まず、市への愛着を高めるところから」という狙いで、住民ならではの人気スポットを選定していった。

(2) 読みやすく、親しみやすく

① 表紙に続く「トピックス」のページを充実させる

表紙をめくった最初のページは、「トピックス」と名付けて、毎回企画を工夫した。表紙で興味を持った市民を裏切らないよう、この見開きでしっかり掴んで、本文につなげなければならない。

例えば、市にゆかりのある著名人などに議会を傍聴していただき、市民の立場で議会について率直に語った言葉を紹介して、市民が議会のことを考えるきっかけをつくる。これまでに「なでしこジャパン」の佐々木則夫監督、タレントのボビー・オロゴン氏などさまざまな分野から登場していただいた。15年12月1日号ではミュージシャンのタケカワユキヒデ氏が登場している。

見出しも、分かりやすさを重視。従来は「○年度の予算案決議」というタイトルだったものが、メーンタイトル「わたしたちのお金、何にどれくらい使うの？」

に、サブタイトル「もう無関心ではいられない」を添えた。ほかに、決算時のタイトルで「お金の使い方〜ふり返って、次に生かそう」、大学生が傍聴して「紙上体験！　さいたま市議会」など。

②議会の臨場感を伝える（質問文を口語体に）

議場での質疑（議員の質問に、市が答える）のやりとりを、臨場感と共に伝えるため、「質問の見出し」を簡潔な口語体で表現することに。議員が仮で付けてきた見出しに対し、編集を加えている。

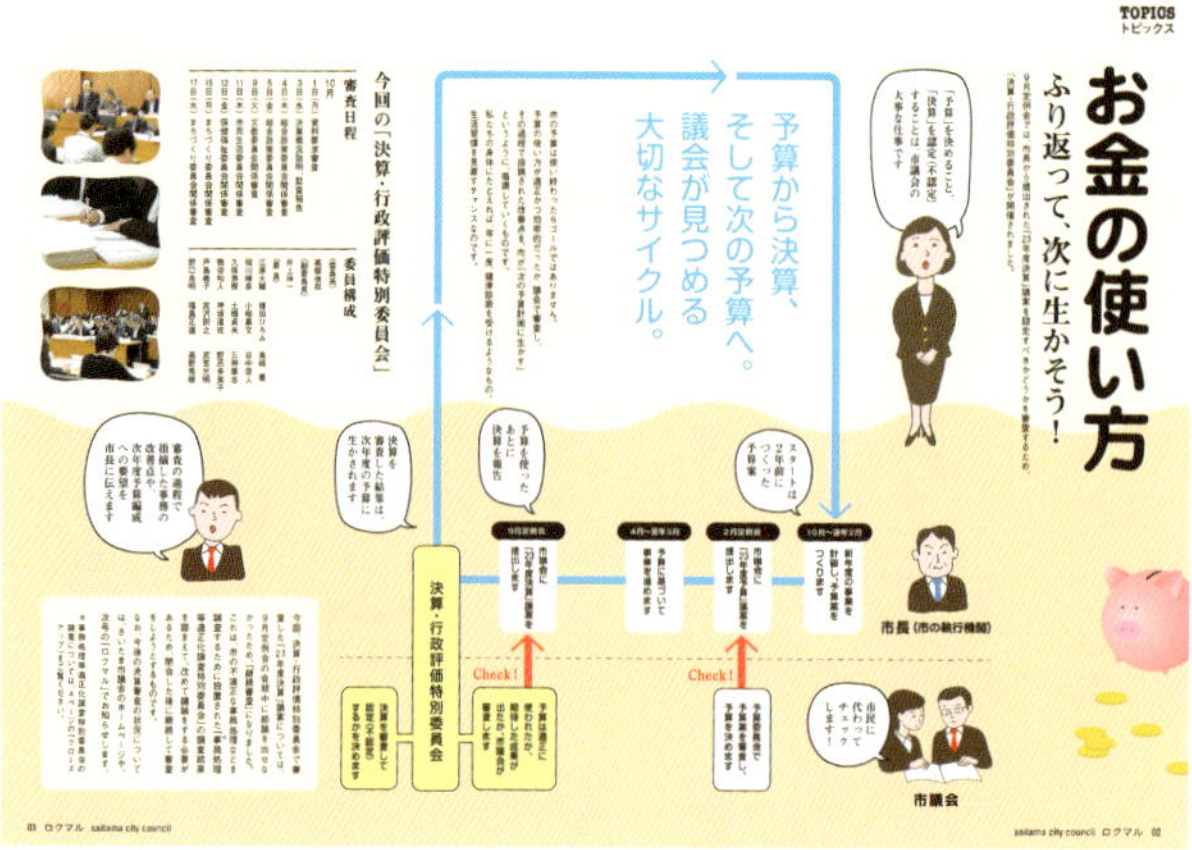

本文デザイン

「東日本大震災について」

→「東日本大震災の教訓、市はどう生かす？」

「さいたま市のブランディングについて」

→「さいたま市のブランディングを！」

「各種団体への補助金について」

→「各種団体への補助金も改革が必要では？」

「公民館の事業費削減について」

→「公民館の事業費を削減しないでほしい」

③ビジュアル化（イラストやアイコン、キャラクターの活用）

必要な各テーマに分かれた委員会の説明では、オリジナルアイコンを開発して、文章だけでなく、視覚的に訴える紙面に。また、随所に市のキャラクター「ヌゥ」を登場させ、案内役として活用。

④文章を読みやすくする

議会用語を使用しないわけにはいかないが、欄外に「用語解説」コーナーを設けたり、前後にさりげなく解説を加えたり、漢字の羅列を避ける工夫などをしたりしている。また、さいたま市議会議会局の担当者も、議員の質問文と市の回答などをなるべく簡潔にまとめ

る工夫を積み重ね、「短時間で読めるボリュームに」という市民のニーズに対応している。

③双方向性を持たせる

市民目線で伝えるために、市民が議会について語るページを企画。その中に議会から伝えたい情報も盛り込む。これまでに以下を実施した。

◇市民インタビュー

- 子育て支援施設で母親たちにインタビュー
- 埼玉大の学生たちが議会を傍聴して座談会を実施
- 休日の街に出て、高齢者や男性にインタビュー
- 市役所に来た高齢者や子育て世代にインタビュー

◇市民アンケート（独自のインターネット調査を実施）

- 「さいたま市議会の広報に関するアンケート」
- 「（東日本大震災を受けて）地域とのつながり意識アンケート」

④他の媒体と連携する

さいたま市の議会広報紙は、表紙も含めて12ページで構成されている。この少ないページ数の中で定例議

幾つもの媒体が連携

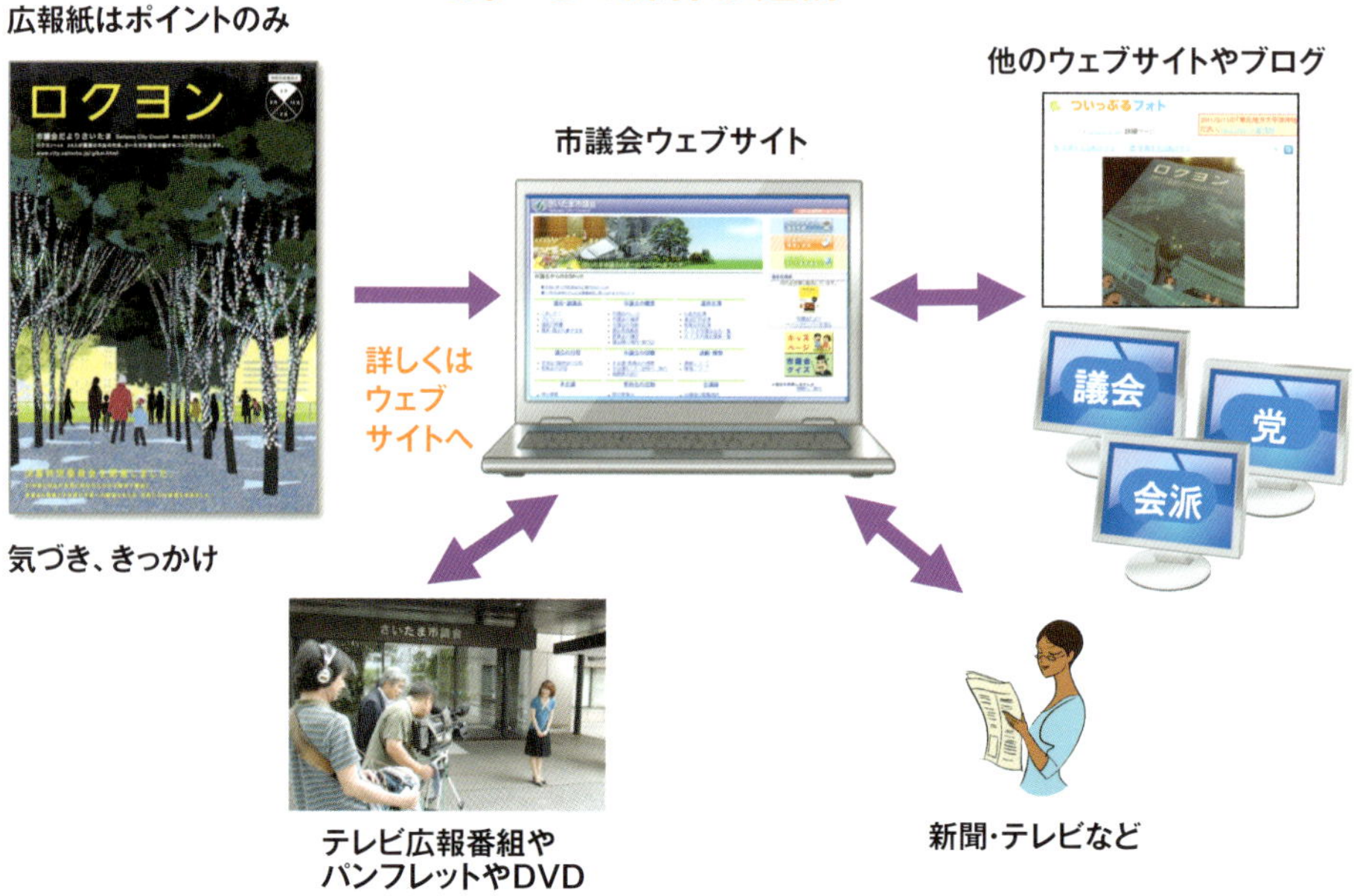

会の内容を紹介することは、到底できない。議会広報紙の役割は、市議会に興味を持ってもらうための入り口、あくまで〝きっかけづくり〟と捉えている。

　さいたま市議会は広報紙以外に、ウェブサイト、テレビ広報番組、インターネット議会中継、報道機関への情報提供などの活動も行っている。また、各議員や政党・所属団体もウェブサイトやツイッター、フェイスブックなどさまざまな活動を行っている。これら情報の流れ全体によって、市民との関係づくりが進められているのである。

　全世帯に配布される議会広報紙は、最も接触しやすい媒体かもしれないが、積極的にウェブサイトへ誘導させるなど、それぞれが連携できるようなPR戦略を考える必要がある。

広報紙改革のまとめ

　改革は、細部に宿る。

　改革といっても、大掛かりなことは何もしていない。製作物作成の基本を守ったままでである。確かに制約は多いが、「議会の広報紙はこういうもの」と決め付けずに、デザイン性を取り入れ、全体のクリエーティブディレクションを行い、タイトル、表紙イラスト、紙面構成、文章まで細部の表現を工夫した。おそらくこれまでは、最初から諦めていた部分かもしれない。パブリックデザインというと、一般的に建築物や道路や橋梁などをその要素（エレメント）として考えることが多いが、広報紙という情報媒体にも有効であり、導入すべきものだと思う。

伝える「中身」も問われていく

単に情報を発信するだけでは、パブリックリレーションズとは言えない。それでは情報を開示しただけである。パブリックリレーションズとは、キャッチボールのように、双方向の関係をつくること。肝心なのは、伝えたくなる事実があるかどうか。伝える側の「中身」が問われる。いくらデザインが工夫されても、議会そのものが市民の期待に応えるものでなければ、やがて関係は壊れてしまう。広報紙は、広報活動の手段の一つにすぎないが、広報紙を変えることにより、双方の中身が磨かれていくことこそ、本当の役割かもしれない。

この市議会広報紙のイノベーションプロジェクトは、日本パブリックリレーションズ協会が主催するPRアワードグランプリで、２０１１年度にグランプリを受賞した。

2

なぜ、熱海は観光業がV字回復したのか？

——その秘密は「ロケ地」にあった

365日24時間対応で〝日本のハリウッド〟に

ここでは、電通パブリックリレーションズの事例ではないが、観光客のＶ字回復という成果が出ている静岡県熱海市のＰＲ活動を紹介したい。

今、熱海市が映画やドラマ、情報バラエティー番組の「ロケ地」として、番組制作者から熱い支持を受けているからだ。テレビで見掛ける機会も増えたのではないだろうか。

２０１６年だけでも、フジテレビの月9ドラマ「ラヴソング」やＴＢＳドラマ「せいせいするほど、愛してる」、映画「海賊とよばれた男」や「四月は君の嘘」、バラエティー番組では日本テレビ「旅猿」、テレビ朝日「お願い！ランキング」など、話題のドラマや映画、バラエティー番組のロケ地として選ばれる熱海市。メディア露出は熱海市のＰＲに直結し、15年度の宿泊施設利用人数は11年度比で、約60万人増（約25％増）と

熱海サンビーチ前でインタビューに応える山田氏

大きな反響があるという。

さらに、楽天トラベルが発表した「2014年年間人気温泉地ランキング」では、初めての1位を獲得し、15年も1位をキープするなど、ますます勢いに乗る熱海市。

その陰には、熱海生まれ・熱海育ち、熱海市観光経済課ロケ支援担当の山田久貴さんという、たった1人の〝熱海のAD（アシスタントディレクター）〟の存在があった。山田さんに、なぜ今熱海がロケ地に選ばれるのか、その秘密について話を聞いた。

熱海を知り尽くした、たった1人の〝現地のAD〟

――「熱海　ロケ」と検索すると、熱海市役所「ADさん、いらっしゃい」というページが上がってきますが、こちらの部署ではどのような業務をされているのでしょうか？

山田さん　熱海市は、2012年度から「新生（リニューアル）・熱海」というテーマを掲げ、サンビーチや熱海梅園などをリニューアルし、シティープロモーションを行っています。シティープロモーションでは、「メディア広報（テレビ番組などで熱海が紹介されること）」にも力を入れています。

シティープロモーションの一つに「情報発信力の強化」がありました。これは、あらゆる媒体や機会を有効に活用する仕組みをつくることで、顧客（観光客、宿泊客）が「熱海」に触れるタッチポイントを増やし、効率よく情報を訴求することです。それまでの熱海は、メディアの記者からの注目もあまりされておらず、そのためメディアで紹介される機会は少なく、宿泊客数も減少の一途を辿っていました。特に「ADさん、いらっしゃい」開始の前年度（11年度）は、宿泊客数250万人を下回る、最低水準となっていました。

「情報発信力の強化」のための具体的な活動が、メディアとの良好な関係（メディアリレーションズ）を構築し露出を獲得すること、つまり「ADさん、いらっしゃい」という活動そのものです。

「ADさん、いらっしゃい」とは、市役所観光経済課の私が担当している「ロケ支援」のことです。一般的に、番組や映画などはADさんや制作担当さんが、ロケ地探しからロケ地での撮影交渉、出演者・スタッフの宿泊や食事手配など細かな調整を行いますが、それを〝無償〟でサポートする仕事です。

私自身が〝現地のAD〟という意識で、制作会社さんと一緒になって動き、早朝から深夜まで、休日でも対応します。ロケ地の紹介だけにとどまらず、ロケ地との交渉や調整、弁当や宿泊施設の手配から、「そんなことまでやってくれるの?」ということまで、現地のADとして徹底的にサポートします。

熱海市がテレビに出ることで観光客が増え、多数のスタッフがロケで滞在することで、宿泊費や飲食費による経済効果もあります。

熱海駅前で情報番組の取材ロケに対応

熱海市役所でロケ車両を駐車場に誘導

〝神対応〟がメディア露出を増やす

――そうした山田さんの徹底したサポートは、制作会社の方から〝神対応〟(神様のような対応)と言われることもあるそうです。ロケ現場では、さまざまな調整で、とにかく走り回っていますが、そもそも「ADさん、いらっしゃい」を始めたきっかけは何でしょうか?

山田さん 「ADさん、いらっしゃい」のきっかけは、ある深夜バラエティー番組です。熱海の取材があって、たまたま私が当日ロケの立ち会いをしながら、ディレクターの方に「こんな所もありますよ、あんな所もありますよ」と熱海のスポットを紹介したんです。すると、当初その番組は1回だけの放送予定だったのですが、翌月も、翌々月も……と、結果的に半年くらい、熱海の紹介が続いたんです。

そのときに、もしかすると、とことん制作チームの中に入り込んでお手伝いすることで、番組での露出が広がるのでは、と思ったのがきっかけです。

そこで、私が「ADさん、いらっしゃい」という活動を「1人でやらせてください」と、市長に直談判しました。私1人の部署だからこそ、ロケ支援に関する権限を集中させることで迅速な判断をすることができます。また、煩雑な手続きが多いからこそ、複数人での連絡ミスなどが起こりにくいというメリットもあります。さらに「コスト意識」として、より少ない経費で大きな利益（広告効果）を上げることを自ら意識したからです。もちろん、このような活動に対する、市民の皆さまをはじめ、市長・副市長、市役所各課の理解があってこそできることです。

「そんなことまで!?」を徹底的にサポート

制作会社の方からの要望は徹底的にサポートします。ロケでは、さまざまな調整ごとをスムーズにしていくことも仕事です。過去には、ドラマであるホテルに主人公が宿泊するシーンがあり、しかもホテル名が映るという条件が揃ったことで、ホテル側にスタッフ総勢50人の宿泊費と夕食代を負担してもらったこともあります。制作会社は経費を抑えることができ、ホテルや市にとっては宣伝効果があります。両者にメリットがあり、そのような交渉も私が率先して行います。

台本の演出が変わって、急遽牧場でロケをしたいということになり、牛やヤギを手配したこともあります。また、撮影前日に制作会社の方から連絡が入って、バラエティー番組のロケやタレントさんの宿泊施設として、ホテルの部屋を調整したことも。このように急な変更が発生しても、臨機応変に対応します。テレビ放映後にはお客様からホテルの予約が入り、ホテル側にも喜んでもらえました。

制作会社のリズムに合わせる〝顧客重視〟

――さらに、山田さんの活動が知れ渡ることで、〝市職員の奮闘に密着〟として、山田さんへの取材機会も増え、熱海の露出にもつながるという好循環も生まれました。フジテレビ「めざましテレビ」、RCCテレビ「V字復活！有吉カンパニー」などで、山田さんをきっかけとして、熱海が紹介されました。

ウェブサイトを見ると「1年365日、夜間もOK」という文言と、山田さんの「携帯番号」までオープンにされています。ここまで対応する役所の方はあまり見掛けないですが、なぜそこまでするのでしょうか？

山田さん　市役所に勤める前は、商社など民間企業で働いていました。民間企業の場合、お客様には携帯番号を教えることは当たり前のことですし、お客様が連絡したいときにつながらないと仕事にならないですよね。その延長線上で、市の職員になっても携帯番号を公開しています。

私にとっての「顧客」は制作会社です。制作会社の働くリズムに合わせて、どうすれば満足してもらえるか顧客重視で考えると、おのずと「1年365日、夜間もOK」という対応になります。

“人とのつながり”がメディア露出を呼ぶ

私には“市の職員”という肩書があるので、各所と交渉しやすいというのはあります。一方で、肩書というよりも、民間企業や役所の他の部署にいたことで、市内の土地勘や事業者と関係ができ、そういった人とのつながりも生きています。真正面から交渉して難しい場合でも、その施設の有力者にお願いすると「山田さんが言うならいいよ」とロケをさせてくれるということもあります。

制作会社の方から「市の職員なのに、そこまでやってくれるの？」と驚かれることも。そういう意外性やギャップを感じていただくことで、信頼感を得る部分もありますね。一つの制作会社はさまざまな番組を作っているので、他の番組でもロケに使ってくれたり、映画やドラマはフリーランスの方が多いので、次から次に案件を持って来てくれたりするので。そのような人のつながりが増えることは、今の熱海のメディア露出にもつながっています。

「LINE」で迅速対応

ロケなどで、仕事の9割は外に出ているので、制作会社の方との連絡は（無料通信アプリ）LINE（ライン）も活用しています。制作会社の方にロケ候補地を確認してもらうときに、「もう少しこういった場所がないか」といった相談も、LINEであればその場で撮影してすぐに送り、確認してもらうことができます。

——そうなんですね。制作会社の方から要望のある「ロケ地」はどのような場所が多いですか？

「廃校、廃虚、病院」は人気のロケ地

山田さん　情報バラエティー番組は、基本的には、グルメや新しいスポットなどの情報を提供しますが、映画やドラマではロケ地そのものが重要です。ロケ地で要望が多いのは「廃校」「廃虚」「病院」の三つですね。

廃校など「都内ではなかなか使えず、しかも無償で使えるロケ地」は重宝されます。熱海には、海岸、漁港、お城、大型ホテル、旅館、飲み屋、断崖絶壁、爆破で使える場所など、多彩なロケーションがあります。唯一、現状無いのは工場くらいです。あるドラマでは、大型ホテルのロビーを「空港」に見立てて撮影したこともあります。

熱海は町全体がコンパクトなので、ロケ先からロケ先までの移動も15～20分くらい。1日で多くのカットを撮影することができるのも魅力の一つだと思います。

また、新しいロケ地の開拓も行っています。市の所有する「旧・下水処理場」はこれまで特に活用されていない場所でした。でも、広大な場所で地下倉庫のようにも見えたので、「ここ使えるんじゃないか」と。すぐにＬＩＮＥで写真を撮って、知り合いの制作会社の担当者に見せたら、「こういうのはセットだとなかなか作れないから、ぜひ使いたい」という声をもらいました。新しく開拓した場所ですが、映画やバラエティー番組のロケ地として何度も使われ、制作会社の方から喜ばれています。

最近は、市民の方から「こんな場所もあるよ」という情報提供をしてもらえる機会も増え、広く理解していただいていることを実感します。飲食店の方からも「もっとこうした方がよいかな」という相談を受けたりもします。「（大盛りより多量な）『メガ盛り』のお店を紹介してほしいと、メディアから問い合わせがきましたよ」など、メディアからの情報も提供します。

宿泊客数は数年でV字回復、約60万人増に

――メディア露出数の増加とともに、観光客はどのくらい増加していますか？　また、メディア広報について、地元の方々からの反響はいかがですか？

山田さん　「ＡＤさん、いらっしゃい」を始めたのは

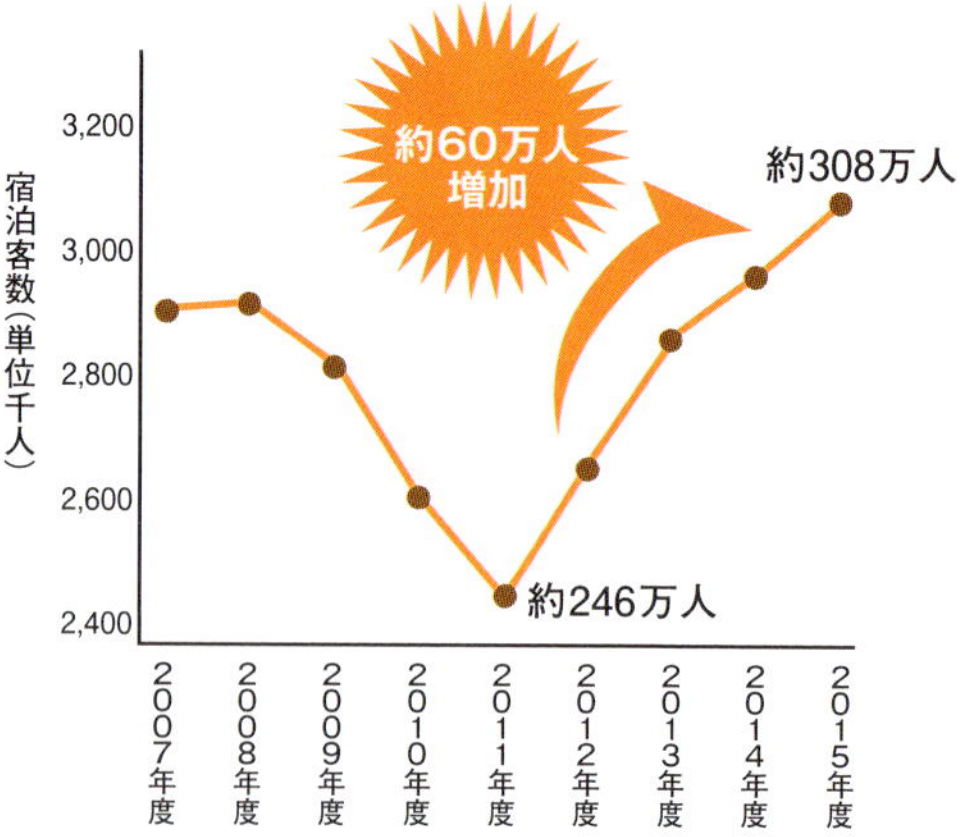

熱海市の宿泊客数推移グラフ（熱海市提供）

2012年度です。その前年である11年度と15年度を比較すると、ロケ支援の実績数は約3倍（15年度＝110件、11年度＝33件）になりました。ロケ支援は、常に四～五つの案件が並行して動いています。宿泊客数は、15年度が約308万人で、11年度と比較すると、約60万人増加（約25％増加）しています。

ロケ支援のこの活動は、「制作会社」「市民」「役所」にとってメリットがあります。観光客が増えたことで、町が目に見えて変わっているのが分かります。地元の方々の意識も変わって「このシーズンは例年若い人たちがいないけど、あの番組の効果で増えたね」など、「若い方が増えた」ということはよく言われます。夏など繁忙期でない時期にもお客様にお越しいただけるようになりました。50代、60代の方からは、昔ながらの大きな温泉歓楽街という印象を持たれているかもしれないですが、若い方はそれを知らないですし、ビーチエリアを見た後に昭和レトロなものが残っている場所に行くのが新鮮、といったイメージを持たれているのではないでしょうか。

町全体がテーマパーク。〝日本のハリウッド〟に

――今後、熱海市としてどのような展望をお持ちでしょうか？　また地域のPRに携わっている方々にアドバイスをお願いします！

山田さん　映画やドラマ、プロモーション動画などのロケ誘致を増やしていって、毎日どこかでロケが行われている、ハリウッドのような場所にしたいです。旅行に来たらロケに遭遇して、「熱海でロケが行われているんだ」と目にすることで、満足度やイメージもアッ

プして、リピートにもつながると思います。

熱海は町がコンパクトなので、町全体が「テーマパーク」のようになるとよいなと思っています。新しいものも、古いものも、きれいなものも、汚いものも、ぐちゃぐちゃに混じっている場所という意味で「テーマパーク」に近いと思います。

理想はメディア露出の際に「熱海」という地名が出て、施設名も紹介してもらうのがベストですが、なかなかそういう条件が揃うのは難しいです。そのときには視点を変えて、大人数で熱海に撮影に来てもらえるということは、宿泊施設や飲食店を利用していただけるので、地域への経済効果につながっていると考えています。

地域のPRで必要なのは、町の特性を十二分に生かすことだと思います。私は、熱海の持つ「ロケ地」というポテンシャルを活用してPRをしています。新しい施設を造ったりするのではなく、地域が持っている農業や林業や商業などポテンシャルをまずは押し出すことではないでしょうか。加えて、思ったら「1人でやってみる」という気持ちが必要だと思います。役所だと、すぐにチームを組んでということが多く、そこで時間がかかってしまいます。もちろん意見を聞いたりすることも大事ですが、思ったらまずは1人でやってみることではないでしょうか。

インタビューを終えて

自治体のPRは、まずは自分たちの地域が持つポテンシャルをしっかりと把握することから始まる。〝何か新しいもの〟をつくって打ち出すことも一つの手段ではあるが、まずは地域が持つ特性を把握し、それをどのように活用できるか考えることが重要だ。熱海市は都内からも近く、多彩なロケーションが狭い範囲で揃っているという特性があり、ロケ誘致で成功したが、他の自治体にそのまま当てはまるものではない。そして山田さんが語っていた、「できることから1人でやってみる」。これは自治体内部の理解もあってのことだが、若い世代も、動いてみないことには進まない。日本各地の自治体で〝第二の山田さん〟が活躍されることを期待したい。

3 映像コンテンツとソーシャルメディアによる話題化

――宮崎県小林市と滋賀県の取り組み

ここでは、ここ数年、自治体PRにおいて注目されている手法の一つである「動画」について紹介する。

動画が自治体PRの一翼を担うようになったのは、2011年頃からだ。同年10月にスタートした香川県の施策がその代表格と言える。「うどん県。それだけじゃない香川県」を合言葉にした同プロモーションは、公式サイトに俳優の要潤さんを起用した映像をはじめ、複数の動画コンテンツを掲載し、公開日には一時サーバーがダウンするほどの注目を集めた。この当時、動画は統合型プロモーションのコンテンツの一部であったが、13年にAKB48の「恋するフォーチュンクッキー」がヒットし、自治体がこぞってそのミュージックビデオの〝ご当地版〟を撮影・公開すると、それがニュースとなり、動画そのものを話題にするというPR手法が一気に注目を集めた。

時期をほぼ同じくして、九州のタイヤ販売会社「オートウェイ」が公開した「【閲覧注意】雪道コワイ」が爆発的にヒット。九州の会社が、動画のチカラで認知度・知名度を一気に全国区に押し上げた事実は、全国の企業や自治体を勇気づけ、その事業規模にかかわらず、動画を活用しようという機運が生まれた。

また、オートウェイの動画が、結果的にバズった（口コミが起きて話題になった）のではなく、ネット上でウケる演出やストーリーを綿密に研究し、見た後、思わず誰かに語りたくなることをあらかじめ設計して作られたことが明らかになると、誰もが「バズ動画を作りたい」と思い、「バズ動画を作ってほしい」と依頼するようになった。そして、15年、動画戦国時代に突入。企業や自治体がこぞって動画を制作し、オンラインで公開するようになる。

小林市——地元あるある動画で、郷土愛をくすぐる

認知獲得や知名度向上を目的とするならば、バズを狙った動画を作成し、オンライン上で公開するのはうってつけの手法だ。特に、美しい風景や街並みを持ちながら、その存在が全国区でない自治体にとっては、動画という表現方法は親和性が高い。

ここで、2015年に自治体のバズ動画として一世を風靡した、宮崎県小林市の事例を紹介する。

同年8月26日、宮崎県小林市は、移住促進ムービー「ンダモシタン小林」を公開した。True Viewと呼ばれるYouTube広告を一切使っていないにもかかわらず、わずか1週間で再生回数80万回を突破。今では、累計再生数208万1236回を記録している（16年10月

宮崎県小林市による、移住促進ムービー「ンダモシタン小林」

24日現在）。

動画を手掛けたのは、同市出身である電通のコミュニケーション・プランナー、越智一仁さん。電通九州のCMプランナー、村田俊平さんとタッグを組んで企画・制作にあたり、電通パブリックリレーションズ（以下電通PR）で拡散を請け負った。

動画のテーマは「移住促進」。市の移住担当者によると、移住を検討する6～7割の人は検討段階では移住先をはっきり決めていない。したがって、「小林市の存在を知ってもらうこと自体が、移住促進のファーストステップにつながると考えた」（越智さん）。一方で、市にとっては、住民に移住政策を知ってもらい、理解し、応援したくなる気持ちになってもらうことも重要なテーマだった。対外的なシティープロモーションにつながりつつも、住民に愛され、応援サポーターになってもらえるような動画。難しいお題だった。

最終的に両プランナーが出した答えは、「あるあるネタ」。「トラクターが原因で、渋滞がおこる」「星がきれいなのに、プラネタリウムがある」など、市の担当者が二人の頼みで集めた「小林市のトリビア集」を

トラクターで渋滞が起きる「小林市あるある」は、市民の共感を集めると共に、市外の驚嘆を呼んだ

ネタ元に動画を企画した。ここではあえて内容の詳細には触れないが、フランス人男性が、小林市の豊かな自然と温かな人柄を仏映画風に淡々と紹介していくストーリーで、ラストに、思わず冒頭から見返したくなる仕掛けが施されている。

「地元民なら誰もが共感・納得する『あるあるネタ』が、市外の人にとっては『へ〜』という、興味・関心喚起になると気づいたんです。この企画なら、今は市を離れ、都会に住んでいる出身者も巻き込むことができるかもしれないとも思いました」（村田さん）

住民、今は離れている市出身者、そして市外の人。より多くの人に見てもらうための施策として、動画を作って終わりにするのではなく、オンライン公開時に「誰もが必ず2回見たくなるWEBムービー」と見出しをつけたプレスリリースも発信した。「プレスリリースは、作った広告の最大の広告」と考えていたからだ。

結果、「ンダモシタン小林」は公開から瞬く間に再生回数を伸ばし、さまざまなメディアにも取り上げられてバズ（口コミ）を起こした。発端となったのは、動画に共感・納得した住民や市出身者によるフェイスブックやツイッターでのシェアだ。市のソーシャルメディアのタイムラインは、「地元に帰りたくなった」（市出身者）、「地元がこんなに有名になって、うれしい！」（市民）などの好意的な投稿で埋め尽くされ、それがまたバズとなって広がり、小林市のことを知らなかった人からも「一度行ってみたくなった」（市外在住者）などのコメントが多数寄せられた。動画の公開前後で移住の相談件数は約4・5倍に跳ね上がり、同市の公式サイトの閲覧数は8倍、なかでも市内の空き家・宅地の情報提供を行う「空家バンク」のページのアクセス数は10倍に達した。

バズ動画は、テレビCMのように1回のオンエアで何百万人にリーチすることはできないが、オンラインでいつでもどこでも好きな時に見られることや、ソーシャルメディアなどで繰り返し目にする機会があることなどから、話題にさえなれば、テレビCMを放映するのと同じか、ターゲットによってはそれ以上に認知獲得・知名度向上に寄与することがある。小林市の「ンダモシタン小林」は、住民や市出身者を応援サポーター化したことで、さらにその目的を加速度的に達成した好事例と言えるだろう。

まず描くべきは「カスタマージャーニー」

その後、自治体発の動画施策が目立って増えていく。マス広告よりも媒体費は少なく済むにもかかわらず、ヒットすれば、認知獲得という意味でマス広告同様のリターンがあることから、動画に対する期待値が大きくなるのも無理はない。多くの自治体の中で、「動画＝バズ動画＝自治体ＰＲの救世主」という図式が出来上がってしまったのだろう。しかし、バズ動画で話題になることが、あらゆる自治体にとって課題解決手段になるかと言えば、そうではない。自治体をはじめ、企業や団体のコミュニケーション施策に詳しい「宣伝会議」の谷口優編集長は、そこに明確な戦略はあるのかと警笛を鳴らす。

「日本で自治体のＰＲ活動が本格化し始めたのがまだ最近のこと、という理由が大きいと思いますが、成功した他の自治体の事例に倣う傾向が強いように思います。本来、ブランドコミュニケーションとは『差異』を見せるものです。企業の方たちは、競合他社とどう差別化し、自社のオリジナリティーを発揮するかに心を砕いていますが、自治体の方たちは素直に他の成功を見て、同じ手法を取り入れてしまいがちです。しかし、コミュニケーション活動にはすべて、それぞれの目的があります。手法だけに着目しても、結果的に自分たちが解決したかった課題の解決につながるとは限りません」と谷口編集長。これからは、自治体も個々の「カスタマージャーニー」を考えなければならないと主張する。

「カスタマージャーニー」とは、「顧客が自社の商品を購入するまでにたどるプロセス」のことを指すマーケティング用語で、生活者がどのようにブランドや商品と接触し、そのときにどういう体験を通して、どのような心理変化を起こすのか、最終的に何が購入の引き金になったのかなどを可視化する考え方だ。

自治体に当てはめてみると、「生活者がその自治体に移住するまでのプロセス」「生活者がその自治体に観光に訪れるまでのプロセス」「生活者がその自治体の特産物を購入するまでのプロセス」など、その自治体の置かれた状況によって、さまざまな「カスタマージャーニー」が存在することが分かる。つまり、谷口編集長の指摘は、自治体もカスタマージャーニーを描くべきであり、その目的を達成するために最適な手段であるならば、バズ動画を使えばいい、ということである。

滋賀県——武将CM動画で議論を起こす

ここで、カスタマージャーニーの中でバズ動画をうまく活用した例を紹介しよう。滋賀県の取り組みだ。滋賀県と聞いて何を思い浮かべるだろうか。高確率で挙がるのは、おそらく琵琶湖。しかし、それに次ぐ県の代表資産というと、県民ですら明確な共通イメージを持てないでいた。それは、観光客増を目標とする滋賀県にとって、決定的な弱点だった。

そこに朗報が流れた。2016年のNHK大河ドラマが「真田丸」に決まり、信繁をはじめとする真田一族が物語の中心に据えられるという。史実から考えて、滋賀県ゆかりの武将・石田三成がドラマ内に何かしらの形で登場することが推測できた。活用しない手はない。

「滋賀県の魅力的なコンテンツの一つに『戦国武将』があり、その中で石田三成は今まで焦点が当てられてきませんでした。近年、人気が高まっている石田三成に着目して、石田三成=滋賀県の図式をつくれば、間違いなく滋賀県のキラーコンテンツになると思いました」と、同県広報課の林純基さん。大河ドラマ放映中の追い風を利用して、「石田三成」そのものの知名度を上げてブランディングすれば、「真田丸」が終わった後も、滋賀県の観光資源として、石田三成というコンテンツは残るという狙いだ。そこで滋賀県では、大河ドラマ放映直前の15年12月から約4カ月にわたり、「石田三成発信プロジェクト」を仕掛けることに。当プロジェクトは、電通関西支社と電通PR関西支社が手掛けた。

石田三成は、その名は広く知られる偉人だが、滋賀県ゆかりの人物であることはあまり知られていない。また、歴史ファンの間では〝関ヶ原の戦いで負けた悪者〟と認識されていることが多く、冷酷、堅物といった言葉で語られることが多い。そこで滋賀県は、石田三成=滋賀県のイメージを醸成すると共に、三成の人

滋賀県が制作した、石田三成CM第一弾

柄や功績に関わる情報を発信することで、本当は「義の武将」なのではないか、という議論を投げかけることにしたのだ。

「議論を投げかける」のは、PRの定石だ。「私は賛成」「僕は反対」「私はこう思う」「僕はこっち派だ」などの意見を言いたくなる仕掛けは、会話が盛り上がり、バズを生みやすい。滋賀県は、この議論を投げかける

滋賀県が制作した、石田三成CM第二弾

手段として、動画を使った。動画のテーマは、もちろん石田三成。電通関西支社のクリエーター・藤井亮さんが手掛けた。

16年3月5日に第一弾動画を公開。「武将と言えば三成〜♪　イチ、ゴー、ロク、ゼロ、滋賀県生まれ♪」。ローカルの雰囲気漂うゆるいテイストの映像と、通販CMのようなフレーズ、耳に残る音楽が、見た人の脳

裏に焼き付いた。さらに同月27日（三成の日）、動画第二弾として、たたみかけるように6本の動画をリリースした。いずれも異色の演出だった。

議論を起こすという動画の狙いは当たり、「頭イっちゃってる？　狂気の沙汰すぎる石田三成ＣＭ」「頭おかしすぎる滋賀県作の石田三成ＣＭ」「滋賀県の〝石田三成〟愛が強すぎる」などと評され、ウェブメディアとソーシャルメディアで拡散。テレビ番組でも紹介され、ある種の物議をかもした。「何、この動画⁉︎　シュールすぎる！　その感想でいいんです。動画をきっかけに石田三成ってこんな人物だっけ？　と疑問を抱き、もっと知りたい、議論に参加したいと思っていただくことが目的です」。林さんはそう話す。

その言葉どおり、滋賀県は動画の「次の一手」も並行して計画していた。3月末には、滋賀県内で三成について語り合うシンポジウムを実施。「真田丸」の制作統括であるＮＨＫチーフ・プロデューサーや、歴史好きのアイドル「歴ドル」などがパネリストとして参加し、三成の人物像を再評価するリアルな議論が盛り上がった。同シンポジウムの来場者アンケートによると、参加者の9割近くが「石田三成への好感度が高まった」と回答。「石田三成のことをもっと知りたいと思った」（32％）、「石田三成ゆかりの地に行ってみたいと思った」（21％）などの声も聞かれた。

バズ動画によって生まれた「石田三成」に関するオンライン上の議論が、リアルな場を通して生活者の意識変化につながり、そして今、滋賀県が最終的に描く「観光客増」にまでつながろうとしている。

「旅」のどこにいるのか、見極める

小林市は、全国的に無名な自治体だったため、市外からの移住促進というカスタマージャーニーを描いたとき、住民の理解・協力を仰ぎつつ、まず知名度を上げなければその旅は始まらないとの目的で、バズ動画を活用した。滋賀県の場合、石田三成の人物像について、広く議論を投げかけるためにバズ動画を使い、その後、議論を深めるためにリアルな場を設けた。

この二つの事例は、バズ動画という手法を使っているところは共通しているが、その位置付けや使い方は、似て非なるものだ。「目的を達成するためのコミュニケーションターゲットの設定、さらに、そのターゲットにどんな気持ちの変化を促し、どんな行動を促したいのか。その自治体におけるカスタマージャーニーを明確にし、自分たちのターゲットは、その〝旅〟のどの段階にいるのかを見極めなければなりません。それによって手段もアイデアも異なるのです」と谷口編集長は語る。

一方で、谷口編集長はこうも言う。「動画は目的しだいで、いろんな使い方ができます。目的はバズだけではありません。動画の特性を的確に把握すれば、可能性は無限に広がるはずです」。

昨今のバズ動画流行で、「動画＝バズ動画」と捉えがちだが、「動画」とは表現方法の一つだ。テキストだけでは伝えられない臨場感を視覚的に伝えることに優れており、若年層に親和性が高く、気軽に撮影・編集できるツールも増えている、といった動画の特徴を押さえておくだけで、さまざまな企画につながる。

例えば、茨城県では日本で唯一民間放送の県域テレビ局が存在しないことから、県民が県内の情報に触れる機会を増やすためと県外への魅力発信のために、インターネット動画サイト「いばキラＴＶ」を設立している。開局４年で都道府県動画サイトとしては動画本数、総再生回数、ファン数で日本一を達成。２０１６年７月には、視聴者が好きなコンテンツを見つけてオンデマンド視聴するだけでなく、自分で写真や動画を投稿できる仕組みを取り入れ、県民をはじめとする〝茨城ファン〟との双方向コミュニケーションツールとして活用している。埼玉県の三芳町では、若い読者に興味を持ってもらうために、広報誌にスマートフォンをかざすと、その記事に関連する動画が見られるＡＲ機能をつけている。読者からは「イベントに参加しやすくなった」「町との距離感が縮まった」と好評だ。住民がつくった動画を募集して、ふるさとＣＭコンテストを行っている自治体もある。

いずれも、生活者一人ひとりに内在する「地元愛」や「郷土愛」、「自治体へのファン心」をどう刺激し、発露させるかに知恵を絞り、たどり着いた施策だ。動画元年と言われて久しいが、その存在が身近となり、その活用方法が無限に広がった「今」こそ、動画が真に自治体ＰＲに役立つ時なのだ。

Part 4

キーワードは、オープンマインド
――他組織とのコラボレーション

自治体が社会とのより良い関係づくりを進めるとき、
自治体だけで完結させるには限界がある。
民間企業や学校、ＮＰＯなど
さまざまな組織と一緒に組むことによって、
より効果的に成果を生み出すことがある。

1
臨海部を世界最先端の「ライフサイエンス」と「環境」の発信地へ
――川崎市の企業・研究所誘致PR

ここでは、電通パブリックリレーションズがサポートした、川崎市臨海部エリアへの企業・研究所誘致プロジェクトを紹介する。

川崎市は、川崎区殿町3丁目地区の工場跡地をライフサイエンス・環境分野に特化した企業・研究所などが集積する国際戦略拠点と位置付け、誘致を行ってきた。約40ヘクタールのエリアは、すでに進出した企業、これから進出のために工事を行っている企業なども含め、2017年1月時点でほぼ100%が分譲完了となった。急ピッチで研究拠点が整備された背景で、どのようなPR活動が行われたのかを解説する。

川崎臨海部の歴史

川崎市臨海部エリアは、日本最大の工業エリア、「京浜工業地帯」の中枢を成し、日本の産業の発展を支えてきた。川崎市臨海部では、明治時代における「農業社会」から「工業社会」への転換に合わせ、新田と干潟が広がるエリアを埋め立て、広大な土地が生まれた。昭和に入り、戦後の高度経済成長期に川崎臨海部は大きな役割を果たした。だが、鉄鋼をはじめとする工業製品やさまざまなモノづくりは、日本の成長を支えてきた一方で、大きな環境問題も引き起こした。

川崎臨海部の転換期

　1952年から72年までの昭和中期の20年間（昭和27年～昭和47年）に、川崎区の従業員4人以上の事業所数は3倍以上に増加したが、高度経済成長期の終焉とオイルショックを機に徐々に事業所数は減少していった。また企業の海外進出など、産業構造の変化による使用スペースの縮小、工場の統合・移転などで、臨海部では遊休地ができるようになっていった。

　そんな中、川崎市川崎区殿町3丁目地区において約40ヘクタールの土地が空くこととなり、2001年に同地を独立行政法人都市再生機構（UR都市機構）などが取得した。その後、川崎市は「殿町3丁目地区整備方針」を策定し、再開発に向けた取り組みが本格的にスタート。

川崎市の狙い

　川崎市は、法人税収の多くを占める川崎臨海部の産業構造の変化を企業ヒアリングなどで調査し、臨海部立地企業が少子高齢化などを背景にこれまで培ってきたモノづくり技術を活かし、ライフサイエンスや環境分野でのビジネスモデル確立に向けてシフトし始めている状況をつかんだ。

　こうした中、2010年10月の羽田空港再国際化決定を背景として、羽田空港の多摩川対岸に位置する殿町3丁目地区に、世界中の研究者やビジネス関係者が集まり周辺企業とも連携できる新しい研究開発産業拠点を形成することによって、少子高齢化や地球温暖化など世界が直面している課題の解決に貢献するとともに、川崎市のみならず日本経済全体の成長牽引を目指すこととした。

キングスカイフロントの誕生

　川崎市殿町3丁目地区にあるこの再開発エリアは、2011年3月に、「キングスカイフロント＝KING SKYFRONT（Kawasaki INnovation Gateway at SKYFRONT）」と名付けられた。「KING」は、「Kawasaki INnovation Gateway」の頭文字と「殿町」の地名に由来したもので、日本の成長を牽引し、世界の持続的な発展に貢献する拠点であるという意味が込めら

羽田空港の多摩川対岸に位置するキングスカイフロント

れている。そして「Sky Front」は羽田空港に面していることを表している。

企業誘致活動の変遷

川崎市が「ライフサイエンス」「環境」分野の拠点をつくるといっても、実際にキングスカイフロントにどのような研究機関・企業などが進出してくるのか、また、それらの研究成果は産業として成長できるのかは保証されているわけではなく、取り組むべき課題は山積みであった。

また、川崎市は工業都市として大きな工場で大きな製品を造る、さらには公害の街という高度経済成長期のイメージからまだまだ脱却できておらず、同地にライフサイエンス、環境分野の企業・研究所を誘致する計画についても、発表直後は知られていないという状況であった。そのため、企業を誘致するためには、川崎市および関係者による直接的な企業誘致活動とともに、PRでバックアップする施策を進めていくことになった。

以下、スタート時から現在までのPR活動を三つのステップに分けて解説する。

◇第1ステップ

2011年4月～13年3月にかけ、われわれはまず、ターゲットである進出検討企業の経営者に向け、川崎市の事業計画に関する情報を発信していくことにした。

そのため、彼らが普段目にする経済紙、ビジネス誌などを中心としたメディアへの情報提供を行い、記事の掲載を図った。川崎記者クラブや、記者クラブ以外の記者を集めたプレスツアーも実施。プレスツアーでは整備が始まって間もないキングスカイフロントのほか、臨海部の企業視察を行い、変わりゆく川崎の工業都市としての姿に実際に触れることや、環境技術やエリア内の企業間でのエネルギーの融通など地域の特性、市担当者による臨海部の現状と今後の展望、さらには開発に向けた熱い思いをアピールした。

また、同時に川崎市の担当者へのメディアのインタビューも設営し、構想の詳細について、メディアの理解を深める活動を行った。

その結果、「朝日新聞」「フジサンケイビジネスアイ」などに記事が掲載され、変わりゆく川崎の姿と、臨海部の今後の展望について認知を高めていった。また、世界的な科学雑誌『ネイチャー』のグローバル版においても情報発信を行い、川崎特集「SPOTLIGHT ON KAWASAKI」を掲載。「キングスカイフロント」や京浜臨海部ライフイノベーション国際戦略総合特区の概要のほか、市内企業・大学・研究機関の紹介をした。

◇第2ステップ

2013年からの第2ステップでは、進出対象企業などがニュースメディアを介さず、直接触れることができるコンテンツの開発と発信を行った。

さらには、すでに進出した企業・関係機関がどのような事業展開を行っているのか、どのような人がどのようなことを行っているのかの理解促進を図るため、各種ツールを用意した。同エリアに進出する企業、研究所などは会議などで面識はあるものの、それぞれの進出するタイミングが別々であるため、できるだけ早く同じ「町内」で活動を行う「仲間」であるとの意識を醸成することが必要であり、そのような共通の意識を持ったエリアであることは、進出を検討している企業の背中を押す一つのきっかけになると考えた。

同エリアへの最初の進出企業である「実験動物中央研究所」が稼働開始、また「川崎生命科学・環境研究センター（Life Science & Environment research center = LiSE〈ライズ〉）」も稼働し、少しずつ実際の事業が動き始めてきたが、まだまだ空き地は多く、企業誘致が急がれていた時期でもある。特区としての認定や、行政側のサポート体制も整備されてはいるが、企業が進出を検討するに当たり、彼らの決断を後押しするようなコンテンツが必要となっていた。

そのため、彼らの理解を促進し、川崎市の取り組みに対する共感を醸成するようなツールを制作することにした。

先述したように、川崎市は、「公害の街」などネガティブなイメージを持たれやすいが、川崎が持っているフロンティアスピリットや、モノづくりの高い技術などポジティブなイメージと、このエリアに来ることで得られるベネフィット（利益）を打ち出していった。

高度な研究機関や研究者を集めるためのキーポイントは、その場所に今後高度な研究機関や研究者が本当に集まるということを見せていくことである。

そのために、すでに進出した企業・機関のトップレベルの研究者や企業の経営者が登場する映像や、ニューズレターを製作し、臨海部に進出したことによって受けられるベネフィットなどを語ってもらい、ターゲット企業に発信していった。

こうしたコンテンツは、英文のニューズレターやウェブサイトで、海外にも積極的に発信していった。

また、この地の最大の魅力として、日本国内および世界各地を結ぶ羽田空港が近いことが挙げられる。この羽田空港に近いという事実は、特に海外企業に大きなベネフィットになる。

こういったベネフィットを伝えるプロモーション動画は日本語、英語、韓国語、中国語繁体字、同簡体字で多言語展開とした。海外からの進出企業獲得や、同エリアの躍動感を表す90秒の短編動画においては、分かりやすい「日本的」な動画に仕上げた。海外の企業向けのコンテンツであるが、川崎駅の大型ビジョンでも放映し、これを見た通行人が「川崎がなんか格好いい動画を作った」とツイッターで発言をするなど、地元でも好評であった。

ジョンソン・エンド・ジョンソンの東京サイエンスセンター

◇第3ステップ

2014年4月からの第3ステップでは、PRのターゲットに川崎市民も加え、コミュニティーリレーションズ（対住民コミュニケーション活動）を展開しながらプロジェクトについての理解を深める活動を行った。

第1、第2ステップを経て、ジョンソン・エンド・ジョンソンの東京サイエンスセンター、国立医薬品食品衛生研究所、CYBERDYNE（サイバーダイン）、ペプチドリームなど、これからのライフサイエンス分野の成長に重要な役割を果たす国内外の有力研究機関、企業の進出が決まった。羽田空港に近接しているという場所の魅力や、特区制度などによる税制、財政、金融などの幅広い優遇措置に加え、ジョンソン・エンド・ジョンソンのようなグローバル企業や、医薬品の製造や輸入の承認、審査等を行う国立医薬品食品衛生研究所など、すでに進出した企業、研究機関に影響されて進出を検討するといった声が聞かれたり、そうした企業からの問い合わせを受けたりすることが多くなった。第1～2ステップでは、企業誘致に注力してきたが、企業誘致について一段落つける状態になり、次は川崎

川崎図書館でのパネル展の様子

市民に向けての情報発信が急務となった。

14年調査では、15％に満たない市民しか「キングスカイフロント」を知らなかったが、15年調査においては、20％を超える市民に認知された。市民の5人に1人が「キングスカイフロント」を認識している状況にはなったが、市民が興味を持つクリエーティブ展開でのパネル展や広告展開を行い、「キングスカイフロント」ではいったい何が行われているのか、を知るきっかけをつくり、市民へのアプローチを強化している。

広告に関しては、15年1月から3月に、JR南武線・鶴見線の車内に窓上広告を掲出。黒地に黄色い文字を中心とした、大胆なタイポグラフィーを中心とするデザインで、川崎市民に「キングスカイフロント」の名称・場所・取り組み内容について訴えていった。「川崎の南端は、世界の最先端です。」と書かれたコピーは非常にインパクトがあったのではないか。

また、14年3月以降、同エリアでの取り組みを「ぱっと見て分かる」パネルを作製し、どのようなことが行われているのかを市民に伝えていく活動を継続している。

電車内の窓上広告

まとめ

当初の目的であった、「キングスカイフロント」への研究機関・企業誘致については、約40ヘクタールの

エリアのほぼ１００％が分譲完了となり、有力企業、研究機関の進出もあり、一定の成果を出すことができた。前述したジョンソン・エンド・ジョンソンは、２０１４年の８月に医療従事者向けのトレーニング施設「東京サイエンスセンター」をオープンしたわけであるが、同センターには、患者負担の少ない低侵襲の外科手術シミュレーション装置、心臓・血管系疾患治療・筋骨格系治療トレーニングのシミュレーター、遠隔映像カンファレンス（会議）システムなど先進的な医療設備を配し、15年7月末までに医師や看護師を含む約２万２０００人が来場したとしている。

それらの医療従事者も、国内だけではなく、アジアを中心とした海外からも来ている。最先端のグローバル企業の誘致によって、川崎市が世界の先端医療のトレーニング拠点となったのである。

こういった情報は、ジョンソン・エンド・ジョンソンなどの進出企業からも情報発信されている。そして、これらの進出企業の発信した情報はメディアなどでも紹介され、さらなる情報拡散へとつながった。

また、川崎市民における「キングスカイフロント」

の認知は、14年2月調査においては、14・8％であったが、15年2月の調査では20・4％に向上した。

さらに、川崎臨海部における活動については、いわゆる「産業夜景」と「ライフサイエンス分野の研究」が同数認知となり、「川崎市の臨海部で、ライフサイエンスについての研究が行われている」との認知が高まってきた。

さらに認知を高めていくとともに、「世界の最先端の研究が行われている」との理解も高め、「川崎市民としてのシビックプライド（都市に対する誇りや愛着）」の形成にもつなげていきたい。

幾つか成功のポイントを整理しておきたい。

◇地元企業・誘致企業を巻き込む

すばらしいコンセプトのもとに、企業の受け皿となる箱を作っただけでは、それがどれだけ優れたものでも、期待した成果は出てこない。川崎市臨海部エリアへの企業・研究所誘致プロジェクトは、しっかりPRすることで想定した以上の成果を生むことがある好事例と言える。

川崎市をはじめ多くの関係者の長年の活動が実を結んだわけであるが、このような長期的なプロジェクトを成功に導くには、PR活動も街づくりと同様、中長期的な視点で取り組む必要がある。単年度で予算が区切られる行政において、中長期の視点を持ちつつプロジェクトを進めるのは民間企業以上に難しいかもしれないが、そういった意識は重要である。

中長期の視点を持って取り組めた背景として、多くの企業・関係者の取りまとめを行った行政側の担当者の熱意は非常に大きなポイントとなっている。前段でも紹介しているが、日本の産業構造の変化による川崎市の活力の減少を非常に危惧していたことがある。川崎は、日本の高度成長をまさに支えてきた中心部である。その一方、その負の遺産としての公害問題があり、それを長年かけて住民や企業と一緒に解決してきたその実績、その両面を常に意識することで、「今はこうだが、これからは何をどうしていけばいいのか」という視点を長年持ち続け、それが熱意につながっていると感じた。

その視点は、川崎で以前から事業展開していた企業やこれから進出する企業の方々に、「このエリアでもっと世界に役立つことをしていこう」という共通の意識をつくり出すのにも一役かった。行政区分としての「川崎市」だけが成功する・良くなるのではなく、「世界の課題解決をしていこう」という視点は、進出機関の方々にも共有されている、もしくは、その共有ができるような企業を集めた、というほうが正しいかもしれない。そのような方々が集まるからこそ、行政側の担当者、企業・研究機関などの方々が共通で持つ、高い目的意識やビジョンが情報を発信する際の文脈づくりに大いに役立った。

◇「巻き込むPR」がキーワード

このプロジェクトの成功には「巻き込むPR」がキーワードになっていることも加筆したい。川崎市が一方的に情報発信をするのではなく、進出企業の方々を巻き込みながら、その方々にも情報発信していただいたということである。その一つの事例として、プロモーションビデオをあげることができる。ビデオの制作には、進出企業の方にも出演していただき、コメントをいただいた。その中で「一緒にやりましょう」というコメントをある企業の方からいただいたが、お願いしたのではなく、自主的に語られたものであった。このメッセージは、川崎市が語るのではなく、第三者として進出企業の方に語っていただくことにより、より納得感の得られるものとして伝わることになった。

企業誘致の場合、法人同士（B to B）の活動のため、ターゲットは絞られ、広く多くの人に情報を伝えることは、コストの有効な活用である「選択と集中」においては「もったいない」と思われるかもしれない。しかし、進出検討関係者は、さまざまな側面から検討していくはずで、その中で適切な情報に触れていただくことが大切と考えた。

また、直接ターゲットとなる人は、彼らの周囲の人々の影響を受けることも多いため、広く多くの人が見ることができるコンテンツ開発を行った。

コンテンツ開発においては、「この地ならでは」の特徴をどのようにつかみ、「レリバンシーのある（ターゲットにとって関連性のある）」情報として発信できるかが鍵となった。

2 自治体の持つ地域資源を魅力につなげるには

——JAL×青森県の事例にみる「外部視点」の有用性

自治体の持つ地域資源と魅力の相関関係

最初に、自治体の持つ地域資源と魅力度の相関性について、興味深い示唆があるので紹介したい。

2006年から毎年実施されている「地域ブランド調査」(注1)および、その結果による市区町村・都道府県ランキングは、自治体にとって関心の高いデータの一つだ。同調査を手がける、ブランド総合研究所の代表・田中章雄さんによると、「地域ブランド調査」における各都道府県の「魅力度ランキング」(注2)と「地域資源ランキング」(注3)を比較すると、意外な結果が浮かび上がると言う。

「47都道府県の魅力度と地域資源力の間には強い相関があり(相関係数R＝0・92)、地域資源力のランキング上位は、魅力度の順位も高い都道府県が多い。しかし中には青森県や岩手県など、地域資源力と魅力度とにギャップが生まれている県もあるのです」

確かにランキング表を見比べると、「地域資源ランキング」の1位から順に北海道、京都府、東京都、沖縄県となっており、「魅力度ランキング」と同順である。

一方で、地域資源5位の青森県の魅力度は25位、地域資源6位の岩手県の魅力度は23位だ。田中代表は、「この両県は地域資源が豊かなのに、消費者にそれが十分に伝わっておらず(あるいは地域資源を十分に活

◆地域資源ランキング

※地域資源の点数は偏差値（平均が50点）
※各資源の評価は5段階

地域資源の順位	魅力度の順位	都道府県名	総合点	自然資源	都会資源	歴史資源	モノ資源	サービス資源	魅力度
位	位		点			(5段階評価)			(参考)
1	1	北海道	85.9	5	4	5	5	5	58.1
2	2	京都府	79.6	3	5	5	5	5	47.6
3	3	東京都	60.9	1	5	4	5	5	38.9
4	4	沖縄県	58.4	5	3	4	4	4	36.9
5	25	青森県	57.8	5	2	4	4	5	14.8
6	23	岩手県	57.3	5	3	4	4	4	15.0
7	8	奈良県	57.0	1	5	5	2	4	25.3
8	11	石川県	56.0	4	4	5	4	4	21.1
8	9	大阪府	56.0	1	5	4	5	5	25.0
10	6	長崎県	55.5	4	4	5	3	4	26.4
11	23	秋田県	54.8	4	2	4	3	4	15.0
12	7	福岡県	53.3	3	4	3	5	4	25.5
13	22	山形県	53.1	5	2	3	4	4	15.3
14	12	兵庫県	52.4	3	4	4	3	4	20.3
15	18	宮城県	51.6	4	3	4	4	3	16.0
15	19	新潟県	51.6	4	3	3	4	4	15.9
17	5	神奈川県	50.8	2	5	3	3	3	27.3
18	20	静岡県	50.2	4	3	2	4	3	15.6
19	10	長野県	50.1	4	3	3	3	3	21.3
20	32	富山県	49.4	3	3	3	4	3	12.4
21	29	福井県	48.6	3	3	3	4	3	13.3
22	20	鹿児島県	48.1	4	3	3	3	3	15.6
23	29	岐阜県	48.0	3	3	4	2	3	13.3
23	27	三重県	48.0	3	3	3	3	3	14.6
25	17	熊本県	47.7	3	3	3	3	2	16.5
26	14	千葉県	47.6	3	4	2	3	3	17.8
26	15	広島県	47.6	2	4	3	3	3	17.1
28	28	高知県	47.4	3	1	3	3	3	13.7
29	26	和歌山県	46.2	3	3	2	3	2	14.7
30	13	宮崎県	46.1	4	2	2	3	3	18.3
31	35	栃木県	45.8	3	3	2	3	3	11.4
32	31	大分県	45.6	3	3	1	1	3	12.8
33	36	山梨県	44.7	3	1	2	3	2	10.6
33	34	岡山県	44.7	2	3	3	3	2	11.5
35	40	島根県	43.9	3	3	2	2	2	9.4
36	16	愛知県	43.8	1	4	3	3	3	16.8
37	42	福島県	43.7	3	1	3	2	2	8.9
38	37	徳島県	43.6	3	2	3	2	3	10.4
39	41	山口県	43.4	2	3	3	1	1	9.0
40	33	香川県	43.3	2	2	1	3	3	11.7
41	45	群馬県	43.2	2	3	3	1	1	7.4
42	38	鳥取県	42.4	3	1	1	2	1	10.2
42	39	愛媛県	42.4	3	2	1	2	1	9.7
44	43	滋賀県	41.9	2	2	3	1	1	8.3
45	46	佐賀県	41.1	2	1	2	2	2	7.2
46	47	茨城県	40.9	2	2	2	2	2	5.5
47	44	埼玉県	39.2	1	4	1	1	2	7.8

◆魅力度ランキング

魅力度の順位	都道府県名	魅力度	魅力度偏差値
位			
1	北海道	58.1	89.1
2	京都府	47.6	79.0
3	東京都	38.9	70.6
4	沖縄県	36.9	68.7
5	神奈川県	27.3	59.5
6	長崎県	26.4	58.6
7	福岡県	25.5	57.8
8	奈良県	25.3	57.6
9	大阪府	25.0	57.3
10	長野県	21.3	53.8
11	石川県	21.1	53.6
12	兵庫県	20.3	52.8
13	宮崎県	18.3	50.9
14	千葉県	17.8	50.4
15	広島県	17.1	49.7
16	愛知県	16.8	49.4
17	熊本県	16.5	49.1
18	宮城県	16.0	48.7
19	新潟県	15.9	48.6
20	静岡県	15.6	48.3
20	鹿児島県	15.6	48.3
22	山形県	15.3	48.0
23	岩手県	15.0	47.7
23	秋田県	15.0	47.7
25	青森県	14.8	47.5
26	和歌山県	14.7	47.4
27	三重県	14.6	47.3
28	高知県	13.7	46.5
29	福井県	13.3	46.1
29	岐阜県	13.3	46.1
31	大分県	12.8	45.6
32	富山県	12.4	45.2
33	香川県	11.7	44.5
34	岡山県	11.5	44.4
35	栃木県	11.4	44.3
36	山梨県	10.6	43.5
37	徳島県	10.4	43.3
38	鳥取県	10.2	43.1
39	愛媛県	9.7	42.6
40	島根県	9.4	42.3
41	山口県	9.0	42.0
42	福島県	8.9	41.9
43	滋賀県	8.3	41.3
44	埼玉県	7.8	40.8
45	群馬県	7.4	40.4
46	佐賀県	7.2	40.2
47	茨城県	5.5	38.6

「地域ブランド調査2015」（ブランド総合研究所）より

◆魅力度と地域資源の相関図

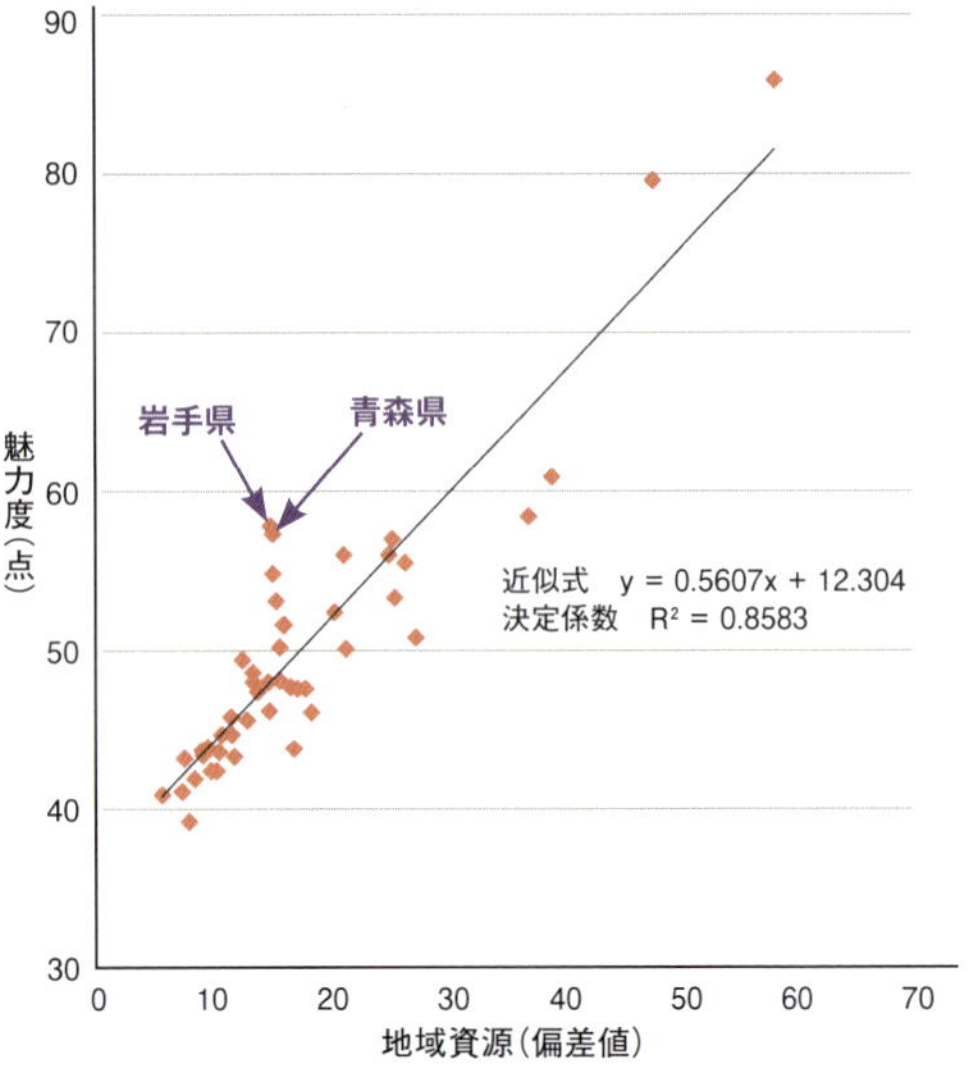

「地域ブランド調査2015」(ブランド総合研究所)より

用できていない)、魅力度とのギャップとして表れているのだと思います」と分析する。

つまり、地域資源は持っているだけでは宝の持ち腐れになる、ということだ。自治体は、地域資源の価値をしっかりと認識するのみならず、その価値をどういう視点でどのように伝えたら生活者に伝わるか、ということを真剣に考えなければならない。

「伝わる」というのは、単純に「発信すればいい」という意味ではない。生活者が共感し、納得し、この情報は「自分にとって意味がある、価値がある」と思わなければ、「伝わった」とは言えない。真の意味で生活者に「伝わる」状況をつくるには、時に自治体だけで活動するよりも、企業や団体などの「外部」と協業するほうが有益な場合もある。マーケティングを重視し、生活者ニーズを見いだすことに長けている「外部の視点」を取り入れることで、生活者に受け入れられやすく、「伝わりやすい」コンテンツの開発や情報発信の手法にたどりつきやすいからだ。

ここでは、自治体が企業と協力して進めている、地域資源を活用した産業振興の事例を取り上げる。

ＪＡＬによる「地域の元気」創出プロジェクト

日本航空(以下、ＪＡＬ)では、２０１５年９月に「ＪＡＬ　新・ＪＡＰＡＮ ＰＲＯＪＥＣＴ」を立ち上げ、「地域の元気」の創出に取り組んでいる。本プロジェクトは、「観光振興」と「農水産物の6次産業化」をテーマに、全国津々浦々の県やエリア、都市とコラボレーションし、訪日外国人需要や国内の観光需要の呼び込みはもちろん、地域の経済活性化、ひいては雇用創出なども視野に入れて活動している。これまで、全10（注4）の県・エリア・都市とのコラボレーションを実現してきたが、ここでは、プロジェクト立ち上げ当初から推進している青森県について紹介したい。

JAL顧客が実食した、ブランド米「青天の霹靂」

青森県では、東北エリアの他県が早くから米のブランド化に力を入れていたことから、それに追いつけ追い越せと、長年、米の研究開発に力を入れていた。その努力が実り、ついに２０１５年、一般社団法人日本穀物検定協会によって、同県産の米「青天の霹靂《へきれき》」が特Ａランクに認定された。この結果を受けて、青森県産米のブランド化に本格的に力を入れようと、同県および、ＪＡ全農あおもりが一丸となって、出荷先やプロモーションについて頭をひねっていた。

一方、ＪＡＬでは航空輸送を担う企業として、地方創生に何が寄与できるかということを模索していた。ビジネスの根幹は、航空機の利用促進にありつつも、エリアに元気がなければそのビジネスも成り立たない。各エリアに人を呼び込み、その魅力を伝えることで、定住人口・交流人口を増やし、持続的にその地域の発展を促すことが、ひいてはＪＡＬのビジネスにも直結する。以前から「ＪＡＰＡＮ ＰＲＯＪＥＣＴ」と称して、機内誌や同社のウェブサイトを通じ、各エリア情報の発信には努めていたが、地元経済の活性化までを視野に入れた活動はできないものかと、各支店が日々の旅客営業の傍ら、そのエリアの県産品や工芸品に関する情報収集に努めていた。ＪＡＬ青森支店に「青天

成田空港と羽田空港のJALファーストクラスラウンジ、サクララウンジで提供された「青天の霹靂」

の霹靂」に関する情報が入ったのは、まさにそのような状況下であった。

「青天の霹靂」の発売開始は、15年10月10日。消費者に買ってもらうためには、まず知ってもらい、その味わいを実感してもらわないと始まらない。JAL青森支店は、県が満を持して発売するブランド米のデビューに少しでも力になりたいと考え、成田空港と羽田空港のJALファーストクラスラウンジ、サクララウンジで提供することを申し出た。消費者代表として、JALのお客様に実食していただく機会をできるだけ早く設けることが、「青天の霹靂」にとって、よいプロモーションになると考えたためだ。それまで同ラウンジでは、提供する食材の産地について明示したことはなかったが、これを機に、JALとしてもリソース（経営資源）を活用した新しいプロモーション方法を開拓しようと、本社も青森支店からの提案に柔軟に対応した。

準備を整え、15年12月から翌年2月にかけて、同ラウンジでの提供が実現した。通常のプロモーションでは、提供側からの協賛品として受け入れることが多いが、今回の目的は地元産業の活性化。JAL側は協賛を受けるのではなく、「青天の霹靂」を〝購入〟して、提供した。JALとしても、それだけ本気のチャレンジだった。県側も高品質米の安定供給に努力し、「青天の霹靂」のため、青森県の「元気」のため、両者は尽力した。

結果、ラウンジ利用客からの評判は上々。青森県は、JALの各ラウンジでの採用実績や、高評価・好反応をPRコンテンツとして活用して、流通販路を開拓し、16年の収穫予定量を前年比の3倍にまで伸ばした。「青天の霹靂」は、販売初年度のスタートダッシュに成功。ブランド化の道を一歩一歩、歩み始めた。

一方、JALでは他県やエリアからも、同ラウンジを始めとするJALのリソースを活用して県産品のプロモーションを行いたいという話が、これまで以上に舞い込むようになった。地元産業を全国にプロモーションするための有効な手段として、改めてその存在を確固たるものにしたのだ。

「あおもり藍」に感じたJALの「驚き」と「発見」

青森県とJALでは、「青天の霹靂」に続く県産品・工芸品のプロモーションとして、今、藍染めの「藍」に着目した活動にも取り掛かっている。

同県の藍産業は、海路・北前船で徳島の藍が入るようになった頃から始まったと言われており、江戸時代には100軒近くの藍染め工場が存在した。県内には今も、「藍内町」などの「藍」のつく地名が残っており、その歴史の深さを感じることができる。しかし、雪深い青森県は、藍を育てる環境としては厳しく、産業革命と共に藍産業は衰退した。

「あおもり藍」フィナンシェ

時は流れ2003年、青森の文化として地域発展に貢献できる何かを残したい、その思いで集まった人たちの手で、青森県の藍産業は、「あおもり藍」という新しい染料生成・染色技術の開発と共に復活した。日本では、いわゆる「藍染」の技術として、タデアイの葉を乾燥させた後に熟成・発酵させる伝統的な「すくも」を用いる技法が伝えられているが、「あおもり藍」は「すくも」を伴わない工程で、天然染料では得られにくかった染色堅牢性、染め分けを実現した。また、従来、染士の経験と勘に頼っていた染料生成工程や染色工程をデータ管理することで、藍白（薄水色）から濃藍（濃紺色）まで8色の染め分けを可能にし、染め上がり品質の均等化に成功。高い再現性が特徴だ。

この「あおもり藍」が、次世代の青森県の代名詞になる。青森県とJAL青森支店は思いを一つにし、「あおもり藍」を次のプロモーションテーマとして情報収集を重ねた。

染めものの材料・技術としてのイメージが強い「藍」だが、豊富なポリフェノール、優れた抗酸化力、コレステロール低減効果などを有していることや、「あおもり藍」が無農薬栽培であることから、創業70年の地元和菓子店が「あおもり藍」を練り込んだ焼き菓子、フィナンシェを発売していることが分かった。「『藍』が食べられるなんて、純粋に『驚き』ました。しかも、体によいなんて。それはぜひ県外、そして海外の人にも伝えたい『発見』でした」。青森支店の支店長（当時）、福田豊さんはそう話す。

すぐにJALができることとして、機内でのフィナンシェ提供を提案。大阪（伊丹空港）発青森行きの全便の機内での提供（16年3月～5月）を実現した。さらに国内のみならず、海外でのさらなる広がりを見据えて、現在、機内販売用に「あおもり藍」を活用した服飾雑貨等の製品の共同開発に着手している。これらは、JALにとっては、利用客の搭乗満足度を高めるために、本当に質の高いもの、より新しいもの、珍しいもの、ここでしか出会えないものを開発・提供するメリットがあり、青森県にとっては、新しい販路を拡大し「あおもり藍」の認知促進に役立てるという利点がある。また、県が打ち出したい産業をどう工夫したら一般消費者に受け入れてもらえるのか。機内販売商品の開発ノウハウや、サービス提供ノウハウを持つJALに開発段階から関わってもらうことで、より効果的に「あおもり藍」の魅力を伝えるための「外部の視点」を吸収することにもつながるのだ。まさにJALと青森県、両者にとって利益をもたらす関係性を築いている取り組みと言える。

「外部の視点」を〝きっかけ〟として活用する

「地方創生に寄与したいからといって、自分たちのビジネスとまったく関係のない活動を進めるのは正直難しいです。最初は良くても持続性が低いため、結果として地元を継続的に盛り上げたり、元気づけることができなくなってしまいます。飛行機を単なる『輸送手段』として捉えるのではなく、『店舗』や『情報発信の場』として考えれば、有効なプロモーションツールとしての可能性はまだまだ広がります。それに、あくまで私たちは〝きっかけ〟にすぎません。産業の裾野を広げ、地元経済の活性化につながる一つの〝きっかけ〟として、私たちでいえば青森県ですが、地域の皆さんにJALを活用いただきたいと考えています。ひいては、人が動く、モノが動く、というJALのビジネスにもつながるのですから」（福田さん）

今、JALのように地方創生に着目し、地域の活性と同時に、新たなビジネスチャンスを創出しようとする企業が増えてきている。このような企業の機運を掴み、その「外部の視点」やリソースを取り入れ、活用するのも自治体PRの手だ。次に、さまざまな企業や団体と積極的にコラボレーションしている佐賀県の取り組みを取り上げる。

注1　「地域ブランド調査」とは、ブランド総合研究所が2003年から年1回実施している、インターネット調査。1047の地域（1000市区町村、および47都道府県）を調査対象とし、全国約3万人の消費者が各地域のブランド力を評価している。それぞれの地域に対する魅力度、認知度、情報接触度、各地域のイメージ、情報接触コンテンツ、観光意欲度、居住意欲度、産品の購入意欲度、地域資源の評価などを調査項目としているほか、出身都道府県に対する愛着度、自慢度、自慢できる地域資源などの、出身者評価も調べている。

注2　「魅力度ランキング」とは、調査対象の地域について「どの程度魅力を感じますか？」との問いかけに対して、「とても魅力的」を100点、「やや魅力的」を50点、「どちらでもない」「あまり魅力を感じない」「全く魅力的でない」を0点として、それらを加重平均して点数を算出し、点数の高い順に順位づけしたもの。

注3　「地域資源ランキング」とは、「地域ブランド調査」の自然、歴史、食などの16のイメージ指標の結果をもとに、「自然資源」「都会資源」「歴史資源」「モノ資源」「サービス資源」の五つに集約して点数化し、それらを合計して「総合点」を算出し、総合点が高い順に順位づけしたもの。

注4　前身の「JAPAN PROJECT」から数えると61。

3 「外部視点」を積極活用、佐賀県のコラボレーションプロジェクト「サガプライズ！」

――「エッジの効いたアイデア」の生み出し方、育て方

佐賀県は流行りのアンテナショップを持ってない。県が売りたいものやアピールしたいものを店頭に揃えて集客を「待つ」よりも、生活者の興味・関心の中に「自ら入り込み」、その興味・関心の「延長線上」に乗って佐賀県を訴求するほうが、県の現状に合っていると判断しているからだ。ここでは、佐賀県が推進する、企業やブランドとのコラボレーションを駆使して情報発信を行うプロジェクト「サガプライズ！」（注）をひも解き、今、自治体に必要な取り組みについて考える。

県内に不足していた「視点」を外部に求める

「佐賀県には、特産品や伝統工芸品などの素晴らしい本物がたくさんあります。地域を支える素敵なヒトもたくさんいます。ですが、それらを県外の人に魅力的だと思ってもらうための『視点』が不足していると感じていました」。そう語るのは、「サガプライズ！」のプロジェクトリーダーを務める、同県政策部広報広聴課の金子暖さんだ。

大手アパレルメーカーを経て同県に入庁した経歴を持つ金子さんによると、民間企業やブランドでは、生活者の興味・関心を徹底的に研究し、「マーケット（市場）が求めるものは何か」という発想で商品やサービスを企画するのが当たり前だが、自治体はマーケットよりも、自分たちの価値基準で発想しがちだと言う。レンコンがたくさん獲れる、という理由だけでレンコ

ンを売るのは自分たちの価値基準に主眼を置いた発想。生活者がビタミンCを欲しているから、ビタミンCをたっぷり含むレンコンを生活者が食べてみたくなる方法で提示するのが、マーケット発想。生活者の興味・関心の中に入り込み、興味・関心の延長線上に乗ることで、生活者に選ばれやすくなる商品やサービスなどを開発する、という考え方だ。出し手の「自分たち基準の発想法」を「マーケット発想」に変える必要があると判断した佐賀県だったが、県内だけにその解決策を求めるのは難しい。マーケットをよく知る「外部の視点」を取り入れることが糸口になるのでは、と考えた。

「サガプライズ!」を訴求するメインビジュアル

佐賀県の情報創造・発信基地となっている専用オフィス(東京・南青山)。中央には、スタッフやコラボ先の方が共に考え、新しいビッグアイデアを生み出すための大テーブルを配置。「Open A」の馬場正尊氏がデザインした

そこで佐賀県は、2013年、東京・南青山に専用のオフィスを開く。銀座や有楽町に他県のアンテナショップが続々と開設されるなか、このオフィスに物販スペースはなかった。ミッションは、佐賀県のモノを直接売ることではなく、佐賀県のモノやヒトを輝かせる「外部の視点」を取り入れ、「突き抜けたアイデア」や「仕組み」を生み出すことだからだ。同県はこのオフィスを情報創造・発信基地と位置付け、企業やブランドとの積極的なコラボレーションに乗り出し始める。

「委託」ではなく、対等な「コラボレーション」

コラボレーションという言葉を使うのには、こだわりがある。あくまで、県と企業・ブランドとの「協業」であって、「委託」ではないからだ。

自治体が民間と何か事業を進めるとき、それは「委託」で行われることが多い。つまり、自治体に代わって、民間に事業を頼み、委ねるというスタイルだ。しかし、「サガプライズ！」に関して、それは良しとされていない。「外部の視点」を取り入れるために始めたのに、委託をしているだけでは、県内にその視点から学んだノウハウや知見が根付かないのがその理由だ。

したがって、コラボレーション先を決めるときには、フィフティ・フィフティの対等な関係かどうかが最も重視される。どちらか一方だけにメリットもリスクも背負わせるのでは、真剣なビジネスにならない。プロジェクトを進めるのに予算や人員が必要ならコラボ先だけでなく、佐賀県も負担する。その代わり、両者が利益を得られる構造にする。そうすることで、絶対に成功させる、という思いが互いに強くなり、よりよい成果につながるからだ。

利益や成果といっても、県が目指すのは単に「お金が儲かる」ことではない。佐賀県では、コラボレーションによる県のメリットは、「話題になるか」「実際にモノやヒトが動くか」「県内のマインドアップにつながるか」「そこで学んだノウハウを県内にフィードバックできるか」など、多方面にあるとし、さまざまな側面から地域活性につなげることを目的としている。この考え方は、二つの代表的なコラボレーションを経て確立したという。ここで、その取り組みについて紹介する。

外部との「協業」、その先へ。目指している理想の形

一つ目は、ゲーム・エンターテインメント企業、スクウェア・エニックスとの協業だ。1989年に同社が発売した「魔界塔士サ・ガ」から始まる人気ゲーム「サガ」シリーズ（92年の4作目から、ロマンシングサガの名で知られる）と佐賀県が、同ゲームの発売25周年にあたる2014年3月にタッグを組んだ。

プロジェクトは「Romancing 佐賀」と名付けられ、「サガ」シリーズを通じて、佐賀県の伝統工芸品や県産品などの魅力を体感できるイベントが企画された。六本木ヒルズ内に設けた特設会場『ロマンシング佐賀LOUNGE』で、「サガ」シリーズのイラストレーター・小林智美氏直筆の有田焼大皿などが展示されたほか、限定コラボレーション商品の販売や、県産食材を使った限定コラボフードメニューの提供などが行われた。同イベントは、ゲームファンの心をつかみ、わずか4日間の開催にもかかわらず、約7000人が来場し、コラボグッズは完売。また、超人気ゲームと自治体が大胆なコラボレーションを行ったことが面白いと、これまで取り上げられたことのないようなメディアでも話題となり、伝統工芸品や県産品などが単品で取り上げられるのではなく、県そのものに注目が集まった。

この経験は佐賀県にとって、大きなブレイクスルーとなった。生活者の心を捉えるにはどういう商品やサービスをつくればいいのか、徹底的なマーケットイン発想を取り入れることで、「ヒトが動く」「モノが動く」。今流行っているもの（これから流行るもの）とコラボレーションすることで、「話題になる」。それを目の当たりにしたのだ。

続く14年10月、佐賀県は大手製菓メーカー森永製菓と商品開発において協業し、さらに前進を見せる。

森永製菓の創業者・森永太一郎氏が佐賀県伊万里市出身であることを縁に、同社の「森永ハイクラウンチョコレート」がこの年、発売50周年を迎える節目であったことから、商品開発に関する協業の話が持ち上がった。日本で初めてチョコレートをカカオ豆から一貫製造し、西洋菓子を日本で普及させるなど、菓子業界の

パイオニアとして先端を走ってきた森永製菓と、日本磁器発祥の地（有田町）や、日本の茶栽培の発祥の地（吉野ヶ里町）など世界に誇る資源を持つ佐賀県。歴史と伝統を持つ者同士の「進化」を象徴的に見せることがこの商品開発におけるコラボレーションのポイントだった。

4日間で約7000人が訪れた『ロマンシング 佐賀LOUNGE』（六本木ヒルズ内）。「Romancing 佐賀」の題字は、佐賀県を代表する書家・江島史織さんが手掛けた

森永製菓は、森永太一郎氏が最初に設けた2坪のお菓子工場にオマージュした2坪の販売スペースからなる期間限定ショップ「Hi-CROWN 2 Tsubo Shop」を東京駅にオープン。発売当初のレシピをベースにしつつ、森永製菓のチョコレート技術を駆使して刷新した同社の新商品「ハイクラウン50周年アニバーサリー」

「サガ」シリーズのイラストレーター・小林智美さん直筆の有田焼の大皿や、「サガ」シリーズのイラストでデザインされた皿や茶器、県の地場産品である諸富家具の額縁で彩られた「サガ」シリーズの原画イラストなどが展示された

東京駅にオープンした、2坪の販売スペースからなる期間限定ショップ「Hi-CROWN 2 Tsubo Shop」

を販売した。さらに、佐賀県とのコラボレーション商品として、同県産の白石れんこんや、さがほのか（いちご）などを使ったオリジナルチョコレートや、有田焼を器に使った限定のチョコレートセットなどを販売。「こんなチョコレート初めて」「懐かしいのに新しい」と評判を呼び、約40日間のオープン期間で1万7000人以上の来場者を記録し、売り上げは計画比の155・0%を突破した。

「東京での反響を受けて、この企画を凱旋させ、佐賀県内に『Hi-CROWNポップアップストア』を開くと、『あの森永製菓とコラボしたの?!』という喜びと驚きの声が上がりました。佐賀県の小さな農家でも、一つの窯元でも、誰もが知るような超有名企業とタッグを組むことができるんだ、と県内のモチベーションがグッと高まったのを感じました」と金子さん。コラボレーションで生まれた評判や反響を、県内に「フィードバックする」ことの重要性や、地元の人たちの「気持ちを盛り上げる」ことの意義が浮き彫りになったという。

　どちらの取り組みも、地域活性につながるさまざま

ハイクラウンにちなんだ四角い有田焼の器にチョコレートを注ぎ、佐賀県産の旨味が凝縮されたレンコンやいちじくなどのドライフルーツを贅沢にトッピングした「ハイクラウン東京マンディアン」

な「利益」や「成果」を生み出したことから、企業とのタッグは一度きりで終わらなかった。「Romancing佐賀」は形を変えつつも、人気イベントとして開催3年目に突入。イベントの目的を県内への誘客や販促支援に進化させ、JR九州の協力の下、ラッピング電車や貸切列車の旅を提供したり、サガン鳥栖の応援企画「ロマンシングサガン」や、佐賀県立美術館での原画展などを開催している。今では運営の主幹をサガプライズ！から、県の観光課や県内企業へと移し、「自走」を始めている。森永製菓とのコラボレーションも、県の手を離れ、農家との直契約という形で2周目、3周目のビジネスへと広がりを見せた。この二つの事例に代表されるように、県主導で進めてきた各企業やブランドとの協業が自走し、次々に新しいコラボレーションが生まれる、それが「サガプライズ！」の来たるべき、理想の姿だという。

そもそも、その自治体に何が必要なのか。「核となるアイデア」を見極めよう

その「理想」のため、コラボレーションを進める上で佐賀県が大切にしていることがある。それは、「サガプライズ！を担当する県職員が、企画から実施まで一貫して自分でやる」ことだ。もちろん、今では企業やブランド側からのオファーも多い。２０１５年度は約１００件、16年度は7月末時点で１００件近くの問い合わせが来ているので、コラボレーションの端緒が組み先にある場合もあるが、自分たちでアイデアを思いつく力や、それを実現する力を養うためにも、これ

は自分の仕事だと認識し、責任を持つことが重要だと金子さんは話す。

そのため、サガプライズ!のオフィスでは毎朝、「新聞会議」と呼ばれるアイデア出しの時間が設けられている。新聞やTV、雑誌、ソーシャルメディアを見るのはもちろん、街に出てイベントや展覧会や映画を見に行くなかから、今、何が面白いか、注目されているか、話題なのかにアンテナを立て、気になることをメンバー全員で「1000本ノック」のように出し合うのだ。この企業・ブランドとだったら絶対話題になる、この人となら今までにないものが生み出せる。タッグを組む「理由」が明確になったとき、職員は自ら企画書を書き、交渉に走る。自分のアイデアを形にしたいという気持ちが、実現までの原動力となるのだ。

「自分でなんでもやることで、ノウハウも身に付き、センスも磨かれます。僕たちは県職員なので、いつまでもこの部署にいるわけではありません。でも、ここで身に付けた『外部の視点』や、『アイデアをひらめく力』『実行力』は、県庁の別の課に行っても生かせます。むしろ、県内の課題解決の現場に近づくので、自走する施策を実行するのに、きっと役立つと思います」と金子さん。

ちなみに、コラボレーション先を口説くための効果的な企画書の書き方は、組む理由「だけ」を書くことだという。最初の段階で企画書を書き込みすぎると、タッグを組んでどんなことができるかというアイデアが、書かれたことの域を出なくなり、それが逆に足枷となってうまくいかなくなるからだ。こういったコツも、経験を重ね、成功を体験することで身につくと、金子さんは言う。

最後に、佐賀県がコラボレーションで成果を生み続けている要因を尋ねた。

「いいアイデアはもちろん大切ですが、ひらめいたアイデアを丸くせずに貫き通す勇気と、そのための調整力も重要です。私たち現場が『やる意義』があると思った企画は、エッジを効かせたまま、本庁に在籍している事業の統括責任者の広報広聴課長に上げます。広報広聴課長もその企画に意義があると判断したら、エッジを丸くすることなく他部署との調整を行い、幹部・知事の了承を得て、企画が実現します。エッジがなくなってしまったり、コラボ先と佐賀県に相互メリットがある内容じゃなくなってしまったら、ある程度企画が進んでいても、ご破算にすることもあります。そのくらい、話題になり、ヒトやモノが動き、県内に還元できる仕組みをつくることに『本気』なんです。佐賀県の人ってもともと、新しいものへのチャレンジ精神が強いと思います。僕たちサガプライズ！が真剣にチャレンジし続けていることが、県内のみなさんに受け入れてもらえる要素になっているのかもしれません」

外部とのコラボレーションで化学反応を起こし、今まで世の中になかったものや大きな話題をつくり出そうというチャレンジ精神、それを実行する勇気、さらに受け入れる度量。これらが揃って初めて、佐賀県のような思い切った取り組みができるのだろう。とはいえ、要件が揃っている自治体ばかりではない。実際、佐賀県に視察に来た他の自治体職員が、「うちの自治体で同じことを実施するのは難しい」と肩を落として帰ることも多いと言う。しかし、他の自治体の取り組みをそっくりそのまま取り入れることが、果たして、その自治体の効果につながるだろうか。本書のPart 3-3でカスタマージャーニーの重要性にも触れたが、その自治体の課題と状況を的確に把握し、そのために何が必要なのかを突きつめることが何よりも大切だ。佐賀県が、「今の県には『外部の視点』が必要」という、活動の「核となるアイデア」を見いだしたように、「そもそも今、何が必要か」という根本的な課題を見つめ直すことが、一見遠回りのようで、実はPRアイデアにたどり着くための近道なのかもしれない。

注　立ち上げ当初は「FACTORY SAGA」と銘打ち、情報発信プロジェクトとしてスタートさせた。2015年7月に情報発信による地方創生プロジェクト「サガプライズ！」へと進化させ、「首都圏で醸成した話題や、生み出された知見・コンテンツを県内にフィードバックし、地域の魅力づくりを加速する」ことがプロジェクトのミッションに加わった。

Part 5

課題解決に向けた戦略づくり

自治体は、さまざまな課題解決のために、市民や住民の参加・賛同・応援が必要となる。

一朝一夕に解決できなくとも、ＰＲを基本とした中長期の活動によって道は開かれる。

基本は、「継続は力」である。

1

地域啓発プロジェクト

——千葉県浦安市、ごみ減量・再資源化

ここでは、千葉県浦安市ごみゼロ課と進めている、ごみ減量・再資源化啓発活動「ビーナス計画」を取り上げる。今は当たり前になった「分別回収」「リサイクル」がまだ定着していなかった1991年にスタートし、2016年で25年、四半世紀を迎えた長期プロジェクトで、今も進化を続けている。ポイントは「市民参加」。どの自治体でも、どのテーマでも参考になると思われるPR活動のポイントがたくさん盛り込まれており、筆者にとっても行政PRの原点と言える活動を以下紹介する。

プロジェクト名は「ビーナス計画」

浦安市は、1983年開園の東京ディズニーランドによって全国的に知名度を高めたが、昔はとても小さな漁村であった。東京都と千葉県の都県境に流れる江戸川に隣接し、東京駅からJRで15分という利便性の高い立地故に、高度経済成長期に埋め立てが始まり、面積が約4倍、人口も約10倍となった。

「この4年間でごみ量が1・5倍となった。危機的な状況を市民に伝え、一緒に解決していきたい」。市の担当者からそんな相談を受けたのは90年のことだ。ごみの減量、リサイクルの推進は、浦安市に限った活動ではないが、市内に最終処分場を持たない浦安市にとって、ごみを生み出さない社会と適正に処理するシステムの整備は喫緊の課題であり、一過性ではなく、継続的な土壌をつくっていく必要があった。そのためには、

何より「市民の理解と協力」が不可欠であり、如何に市民参加を促すかがプロジェクトの鍵となった。そこで取り組んだのが、「ビーナス計画」というプロジェクトだ。

まず、プロジェクトの名前について説明する。自治体の事業名称は、文字や漢字が多く分かりづらいものをよく目にする。浦安市の場合も当初の正式事業名は「浦安市ごみ減量化・再資源化啓発事業」である。「たかが事業名称、されど事業名称」である。市民に分かりやすく伝えていくためには、その名前では通じない。事業名の工夫は市民だけではなく、事業を推進する職員の意識を高める効果もある。そこで、プロジェクトの名前を「ビーナス計画」と名付けた。

「ビーナス」というと、誰しもがローマ神話に出てくる「愛と美の女神」をイメージする。スペルはVENUS。しかし、実は「ビーナス」という言葉にはもう一つの意味が込められている。VENOUSと綴ると発音は同じでも「静脈の」という意味になる。モノの生産、流通、消費の流れを表す「動脈」に対して、循環させてリサイクルしていく仕組みを「静脈」に例えて語られていたことから、「静脈の目詰まりを解消し、美しい循環型都市・浦安市を創っていこう」という意味を込めて、プロジェクト名は「ビーナス計画」に決まった。

4段階の市民参加システム

PRの担当者がつくった仕組みや仕掛けは、一方的なものであり、単なる箱にすぎない。そこに魂を入れるがごとく、市民の参加を促す活動が必要である。あくまで主役は浦安に生活している市民であり、市民の参加なくして、目標は達成できない。そこで、次の四つの段階で無理なく参加を促していった。

①ごみを減らそうという「気持ちの参加」
②一人ひとりが自分のできる範囲で行動する「できることへの参加」
③さまざまな要望を反映させる「システムづくりへの参加」
④市民の積極的な協力と持続を図る「システム運用への参加」

この4段階を積み重ねていくことで、実際に暮らしの中に新たな行動を根付かせていこうと考えたのである。なかでも、重要視したのが、「気持ちの参加」と「できることへの参加」。まず、ビーナス計画を知ってもらわなければ、何も始まらない。

そこで、情報発信のインフラとして、プロジェクトマークやキャッチフレーズの開発、PR紙「ビーナスニュース」の発行、キャラクター「クルンちゃん」「グルン」（浦安市の子どもたちはグルンさまと呼んでいる）の開発など、親しみやすい活動を次々に展開。家庭や教育の場に浸透を図り、実践を促していった。

「クルンちゃん」は市民認知度100％

ごみ問題を家庭の話題にする。まず、取り組んだのが、キャラクターの開発だ。今でこそ〝ゆるキャラブーム〟で珍しいものではないが、1993年、今から23年前に、浦安市はごみ減量のキャラクターをつくってPR活動を展開した。

公募で選ばれたのは、「クルンちゃん」。クリーン、リサイクルの言葉から名付けられた。作者は小学5年生の女の子だ。色鉛筆で書いた原画を、プロのデザイナーが当時最先端であったコンピュータグラフィックスで忠実に3D化した。2年後には、悪役「グルン」も登場。「分別するのは面倒だ」などと言ってクルンちゃんを困らせ、二つのキャラクターの戦う姿をコミカルに描きながら、啓発活動を展開していった。

クルンちゃんとグルン

2006年に指定ごみ袋が有料化され、そのデザインにキャラクターを大きく入れて、「燃やせるごみはクルンちゃん」「燃やせないごみはグルン」となった。当初、袋があまりにもかわいいので、子どもが「クルンちゃんの袋にごみを入れないで」と母親に頼んだというエピソードもある。しかし、この袋に入れなければ回収してもらえないため、道路脇のごみ置き場にたくさん置かれているのが、浦安市の朝の光景となっている。ごみを運ぶパッカー車や粗大ごみ収集車、粗大ごみ券などにもキャラクターが使われており、市民の認知度は100%。キャラクターを定着させるには、とにかく徹底して使うに限る。

「クルンちゃん」と「グルン」もう一つの意味

善と悪二つのキャラクターは、キャラクターの性格付けではあるが、もう一つの意味がある。市民の中にもさまざまな人がいる。「きちんと分別しなきゃ」というクルンちゃんもいれば、「大事なことだけど、やっぱり面倒だし、誰も見ていないし……」というグルンもいる。いや、一人ひとりの中にもクルンちゃんとグルンがいるのである。正直、筆者自身もその一人だ。市民に対して一様に優等生的な言葉だけで伝えるのでは、行動を変えるところまで導くことはなかなか難しい。悪役との戦いは、まさに、一人ひとりの心の中の葛藤であり、そうした市民の本音に寄り添うPR活動を展開していった。

本音に寄り添う。翻ってみると、このことは、啓発活動を進める上でとても重要なことだと思う。上から目線で一方的に良いことだけを伝えようとしても、実際はなかなか浸透させることはできない。さまざまな考えを持つ市民に対して一律ではなく、段階的に理解を進めていくことが肝要である。ビーナス計画では、参加を4段階に分け、特に「気持ちの参加」をキャラクターの活用によって促進することができたが、市民啓発は〝言うは易く、行うは難し〟である。

クルンちゃんが描かれた燃やせるごみ袋

粗大ごみ収集車

市民を巻き込む第一歩、「ごみに関する全世帯アンケート」

活動の初期段階で「ごみに関する全世帯アンケート」

を実施した。市内のすべての世帯を対象に実施したアンケートで、全国でも希有な例である。市民アンケートの第一義的な目的は、市民のこのテーマに関する認知・理解・協力意向などの状況を把握することであるが、ここでは、アンケートをPRのためのツールとしても位置付けた。アンケートに回答すると、質問文や選択肢を読み考えることにつながり、ここに学習効果を期待することができる。つまり、アンケートに答えることで、同時にごみの正しい出し方やリサイクルの仕組みや必要性を学習することになる、という仕掛けも隠れていたのである。

フェース・トゥ・フェースの啓発活動 〝出前ビーナス〟

シンボルマークやキャラクター、広報紙などのPRツールを活用しつつ、同時に、草の根的な活動も展開した。活動を推進する市の担当職員自身が、市民の集まる場に出向き、市民に直接説明し、市民との対話を継続的に行う「出前ビーナス」という活動で、直接的な関係構築に大きな効果を上げた。本書Ｐａｒｔ１で定義付けたように、パブリックリレーションズとは、「双方向のコミュニケーション活動を通じた良い関係づくり」である。一方的に情報を伝えるのではなく、相手の状況に応じて情報を投げ掛けていき理解を促進することこそ、PRそのものである。自治会の集会で、小学校の授業で、生涯学習の場で、というようにさまざまな機会を捉えて直接市民に語り掛ける「出前ビーナス」は啓発活動の基礎となっている。

家庭の話題にすることで効果を上げる

ごみの減量・リサイクルは、家庭で取り組めば効果が大きくなる。そのために、このテーマを家庭の話題にすることも戦略に組み込んだ。まずは、先に述べたクルンちゃん、グルンというキャラクターは、職員が着ぐるみを着て、さまざまな市内イベントに登場している。ビーナス計画を身近なものに感じてもらっているのである。

また、浦安市立の小学校に通う児童は4年生になると自分たちの住む浦安市のことについて学ぶが、ごみ減量とリサイクルについては、市内のクリーンセンター

（ごみ焼却施設）とリサイクルプラザ（再資源化施設）にある展示施設で学ぶ。ここでもクルンちゃん、グルンが案内役になっている。さらに、ビーナス計画のPR紙「ビーナスニュース」の中には、「クルンちゃんがんばって」という4こま漫画が連載されていて、市民の気付きを促している。

こうした市内の子どもたちへの啓発活動によって、家庭全体で取り組むごみ減量へと結び付けている。

リサイクルも減らそう

「ビーナスニュース」はビーナス計画のPR紙で、年に1～3回発行しており、2016年に50号を迎えた。毎号特集を組むと同時に、その時々の話題を提供している。09年のテーマは「リサイクルも減らそう」。ビーナス計画が始まって着実に減り続けている「燃やせるごみ」に対して「容器のリサイクル」は増え続けている。当初は「面倒くさい」と思われていた分別が、今では「当たり前のこと」になり、ビーナス計画は次のステージへと進化している。浦安市は「まず徹底してごみを減量し、それでも残る資源ごみを最後の手段としてリサイクルする」というビーナス計画の新たなステージを市民と共に創っていくことに挑戦している。

本プロジェクトが1991年にスタートしてから5年後に、浦安市の家庭系ごみの量は1人当たり年間約16キログラム（率にして5・3％）減少した。市民全体で計算すると年間約2720トンの削減になる。また2001年に浦安市が実施した市民アンケートでは、〝5年前に比べ良くなった市の施策〟の第1位に「ごみ政策の推進」が挙げられるなど、市民からの行政評価も高まった。

また、このプロジェクトは02年に、小学校の社会科の教科書（文部科学省検定・東京書籍版）に16ページにわたり紹介された。また同年、日本パブリックリレーションズ協会が主催する「PRアワードグランプリ」でグランプリを受賞、03年に国際PR協会が主催する「ゴールデン・ワールド・アワーズ・フォー・エクセレンス」の「コミュニティー・リレーションズ」の部門で、部門最優秀賞を受賞した。国内外の自治体関係者から、このプロジェクトに関する問い合わせも入っている。

2 地方移住のPR戦略

——青森県弘前市の取り組み

地方創生が推進されるなか、東京では移住促進のイベントや説明会が頻繁に行われている。筆者も何回か参加して驚いたことがある。会場に若い人が多いのだ。地方移住と聞いて、まず思い浮かべるのが、シニア世代。さらに言えば、会社を定年退職し、第二の人生を田舎暮らしで、と望む男性のイメージだったが、今は、20～30代の若い層、女性の単身もいる。

仕事選びの延長に、「移住する」という選択肢が加わりつつあると感じる。当然、移住促進のPR戦略も、そうした変化を踏まえて構築されなければならない。ここでは青森県弘前市と取り組んでいるプロジェクトを取り上げ、地方移住のPR戦略構築と、そのポイントについて解説する。

外からでないと見えないものがある

弘前市は、東京から新幹線と奥羽本線を乗り継いで計4時間、飛行機では青森空港からバスに乗って約2時間半である。決して交通の便が良いとは言えない。それでも毎年春になれば弘前城の桜を見に、多くの観光客が訪れる。夏にはねぷた祭り（ねぶた、ではない）もあり、秋には日本一の生産量を誇るリンゴがある。

ところが、20年後、弘前市の人口が現在の18万人弱から約14万人に減少するとの予測が発表された。市は、それを何とか食い止めたい、との思いから「移住する人、定住する人の促進」を進めるため、「住みたいねHIROSAKIイメージアップ戦略事業」をスタートさせた。

そのパートナーとなった当社が、PR戦略の策定を目指し、まず行ったのが首都圏のアンケート調査（554サンプル）である。

移住を呼び掛ける相手は、弘前市外に住んでいる人である。特にボリュームゾーンである首都圏居住者から、弘前市がどう見えているのかを調べることは重要である。調査で見えてきたのは、移住への関心が高まっているという若年層の認知度が低いことである。20代の3割強が弘前を「ひろさき」と読めず、「ひろまえ」などと回答。報道されている数も、同じ青森県の青森市、八戸市より少なく、弘前市から首都圏に向けた情報発信が不足していることが分かった。

では、どんな情報を伝えていけばよいのか。当社は在京という利点を生かし、東京で行われている他の市町村の情報発信の動きを見ながら、弘前市の「見え方」の強みと弱みを整理していった。在京の弘前出身者へのグループインタビューも行い、離れているから見えてくる「外の視点＝よそ者の視点」を生かし、独り善がりなPRにならないよう、戦略づくりを進めていった。

弘前市移住促進PR戦略

(1) PR戦略の骨格

【目的】

◆日常を伝え、移住検討者を一人でも多く増やす

そもそも、地方の人口減少をどう考えればいいのか。「昔はにぎやかだった。もう一度、あの活気を取り戻したい」という、それこそ「昔ながら」の拡大・成長の思想の延長で移住を呼び掛けても、うまくいかないのではないか。むしろ、人口減少は避けられないとの予測を受け入れ、「豊かに縮小していく社会」の実現を目指して、行政も市民も知恵を出し合って暮らしている街のほうが、はるかに移住検討者の共感を得られるのではないか。呼び掛けていく際も、「移住者も、その仲間になってほしい」でよいのではないか。

実は、弘前市は、そういう街である。何度か足を運び、そう感じた。うまく言葉にできないが、例えば、喫茶店（昔ながらの）やカフェ（今どきの）があちこちにあり、飲み屋街にも地元のオーナー店がたくさん

ある（チェーン店が目立たない）。市民のサークル活動のような集いも活発だ。

よく言われることかもしれないが、「そこで暮らしている人の幸せそうな姿」こそが、何よりの移住促進になる。言葉では分かっていても、そうした「日常」を形にして、表現することがなかなか難しい。いわゆる移住フェアに何度も行ったが、観光物産展のようなノリで「切り取った魅力」をアピールする自治体が多く、戸惑った。

移住PRと観光PRは決定的に違う。「お客さんとして見に行く」ための情報ではなく、市民の一人として暮らしていく場所を選ぶために必要な情報を求められているのだ。作っているパンフレット、張ってあるポスター、何もかも「魅力」のてんこ盛りで、弱点がない。

弘前市の場合は、「冬」の写真が一つもなかった。雪景色の素晴らしさを本当は感じているのに、除雪の苦労を想像させてしまうので隠したがるのである。きれいなところだけを見せるのではなく、本音で語る。だからコミュニケーションが深まる。そういうことが移住PRなのだと考えた。

また、実際に移住を検討し始めても、仕事、住居、子育てや介護の環境など、さまざまな条件をクリアする必要がある。そこで、当社はPRの成果を「移住者の増加数」で測るのは困難で時間も要するため、目標を「移住を検討する人を増やすこと」と設定。専用サイトのアクセス数、ブログやフェイスブックなどの閲覧数、担当部署や移住コンシェルジュへの問い合わせ数、移住お試しハウスを見学する人の数、移住体験ツアーに参加する人の数などを増やすために、具体的なアクションに取り組んでいった。

【ターゲット】

◆「首都圏の若い人」の関心と、「弘前出身者・市民」の愛着・誇りを喚起する

イメージ戦略のターゲットは、以下の三つに整理した。

①主に首都圏で移住に関心を持つ若い人（弘前を選択肢の一つに加えたくなるように）

②弘前出身者や弘前居住経験者（弘前を思い出し、Uターンしたくなるように）

③現在住んでいる市民（弘前で住み続けたくなるように）

最も弘前から縁遠い①を中心に情報発信を行うことにより、もともと弘前への関心がある②③の「弘前への愛着や誇り」を喚起。情報拡散の担い手となり、弘前の移住促進活動の話題化につなげていくことを目指した。例えばソーシャルメディアで動画を配信したら、東京で真っ先に話題にしてくれるのは、弘前出身者に違いない。その人たちが周囲に広めてくれることを想定し、在京の弘前出身者が地元情報をどのように入手しているのか、ヒアリングなどで把握した。

ターゲットを考えるときに、その年代はシニアなのか、若い層なのか、という議論が時々あるが、もちろん、どちらも狙いたい。しかし、クリエーティブのイメージ設定は、若い人に絞った。高齢者を呼ぶにしても、若者は街の活気や高齢者の暮らしを支えるためにも、欠かせない存在だからだ。

もう一つ、ターゲットとは別に、市職員と市民を「PRパートナー」と位置付けた。伝えたくなる事実をつくるためには、移住促進に官民が一体となって「より良いまちづくり」に取り組む必要がある。以下のPRパートナーとの関係づくりも行いながら、活動を展開した。

①庁内（市民および移住者のために、効果的な事業の実施と情報提供による信頼構築）

②市民（口コミ情報の発信者として期待するとともに、移住者の受け入れ態勢を強化）

(2)活動方針

◆トータルプロデュースで活動に一貫性を持たせる

移住者の関心度に応じて、段階的に活動メニューを用意し、全体をトータルプロデュースして、効果的、効率的な促進を図った。

プロジェクトネームは、「この先、弘前プロジェクト」。市外の人に「この先は弘前で！」と移住を呼び掛

hiro&saki
この先、弘前プロジェクト

プロジェクトマーク

け、市民に「この先も弘前で！」と定住を呼び掛ける。この言葉をきっかけに、自分の「この先」と、弘前市の「この先」が重なり、「弘前をより良い街にしていく」意識を共有し、人々が将来の弘前を思い、行動を起こしていくことを期待した。

(3)訴求ポイント

◆必要なデータや「ひと・まち・生活」を伝える

他の自治体が行っている広報活動との比較調査の結果を踏まえ、訴求ポイントを見直し、以下の五つを伝えていくこととした。

①データ（市の施策の成果を統計やアンケートなど分かりやすくデータで表現）

②生活風景（ありふれた日常こそ、移住検討者には必要。普段の衣食住の情報を）

③弱点（雪も津軽弁も魅

弘前市〜いろいろ情報〜
おすすめ情報のすべてを見る
自然たっぷり
米とりんごを中心に農業が盛ん。りんごの生産量は日本一。種類も多く、まさにりんご王国！ 岩木山や白神山地があり、遊びのメニューも盛りだくさん。子育てに最高の環境です。
レトロモダンな街
城下町でありながら、瀟洒な洋館がたくさん残っている、和洋の異文化が混在する街。中心部の商店街には、生活に必要な都市機能がそろっており、大手書店も2つあります。
学園都市
弘前市は、国立大学法人 弘前大学をはじめ、大学が6校、高校が10校ある学園都市です。県外から来る学生も多く、大勢の若者が暮らしています。
暮らしを楽しむ
こだわりの雑貨や洋服が並ぶセレクトショップ、個性豊かな喫茶店・バー、フレンチなどの洋食店などがあり、街歩きが楽しい街。Iターン、Uターンのオーナーも多いです。
新鮮な食材
空気も水も、深呼吸もおいしい！ 野菜はいつも新鮮で安く購入することができます。毎朝届く西海岸（日本海のことです！）の魚も新鮮でとてもおいしいですよ。
移住コンシェルジュ
移住コンシェルジュをはじめ、私たちが皆様の移住をサポートさせていただきます。移住しやすい環境作りの手助けを行っていきますので、お気軽にご相談を。

弘前市のサイト（当サイトは「全国移住ナビ　ローカルホームページ部門　コンパクト情報賞」を受賞）

力的な「個性」として、隠さず、むしろ面白く伝える工夫を）

④仲間（趣味のサークルやショップの店主など「人」を通じて、弘前の魅力を伝える）

⑤都市文化（他と類似する「田舎暮らし」路線ではなく、都市機能や文化などを伝える）

特に、力を入れたのは、弘前市の街の中を伝えることである。例えば「食」についても、従来は観光客に人気の特産品を紹介していた。しかし、方針を変えて、市民が普段どんな所で食材を買っているのか、市場やスーパーの野菜売り場の店頭の写真を掲載することにした。総務省の「全国移住ナビ」というサイトに掲載しているのが、右のような写真である。

また、大学が六つあり、街中にはおしゃれなカフェや雑貨店も多い。紀伊國屋書店や丸善ジュンク堂などの書店もあり、蔵書も多い。人口は17万人を超えており、公共交通機関もちゃんとある。しかし、10分も車を走らせれば、のどかな田園風景が広がる。都市と自然の両方を楽しめるというイメージを頭の中に描いていただくことが重要と考えて、写真素材などもそろえていった。

⑷クリエーティブの方針

◆吉祥寺、下北沢に集う人の共感獲得を目指す

弘前市の個性を大切にしつつ、首都圏の若い人に気付いてもらえるようなクリエーティブを目指し、以下の方針を立てた。

①インパクトを強く

②意外性のある切り口で

③本気度を示す

まず、ビジュアルイメージは、東京の吉祥寺、下北沢などに集う人々に共感してもらえる表現を目指した。吉祥寺に暮らすアートディレクターと共に弘前市内を歩き、「モノづくりやアートを楽しむ人が集う街」というイメージが弘前にもあると感じたからである。

経済中心、効率重視、上昇志向など、東京を象徴する価値観に違和感を持つ若い人をイメージターゲットに、等身大でありながらも将来志向で描いていこうと考えた。

移住説明チラシ

下北沢で暮らしているときのヒロとサキを描いた第1話

移住して弘前市で暮らすヒロとサキを描いた第2話

(5) キャラクターの開発

◆イメージターゲットを示し、移住情報の目印に

1976年にヒットした「木綿のハンカチーフ」は、都会に出て行く恋人を思う歌である。それから40年。人口減少が進むなか、地方に暮らす恋人を追って見知らぬ土地に移住する若者を描く「逆・木綿のハンカチーフ」現象が起きていた……という想定である。これは、千葉大法政経学部の広井良典教授による著書などからヒントを得た。

キャラクターの名前は、弘前から、「ヒロ」と「サキ」に決めた。せめて、みんなに正しく読んでもらえるように、との願いも込めた。実は苗字もある。フルネーム「伊集院ヒロとサキ」は、「移住 In 弘前」から着想されたものだ。

東京から故郷の弘前へと移り住んで小さなショップを始めようとするサキと、彼女を追って来たアーティスト志望のヒロを、移住情報のキービジュアルとして活用し、制作物などのクリエーティブを統一。

動画コンテンツでは、東京から弘前へ、生活拠点を移し、活き活きと生活する2人の姿を描いた。動画の中に登場する雑貨店のオーナーたちも、同じように移住して来た「仲間」である。桜で有名な弘前城だが、動画では、観光客ではなく市民がよく利用するお濠沿いの散歩道を2人に歩かせ、観光PRとは一線を画した。総務省が行う移住をテーマとした動画コンクールでも上位にランキングされ、地元紙やネットニュースなどでも「その映像世界は、一瞬、無印良品の広告が飛び出てきたような錯覚に陥る。それもそのはず、使用されている音楽はトクマルシューゴの『Laminate』だ」などと、取り上げられて話題となった。

これを基に小説に描き、NHKの連続テレビ小説にちなんで「連続移住小説」としてリーフレットを作成。吉祥寺、下北沢などのカフェや古本屋、雑貨店などで配布した。

⑹ソーシャルメディアの活用
◆拡散を狙ったコンテンツ発信でアクセス数が60倍に

地元のメディアだけではなく、全国発信を目指して、パブリシティー活動を強化した。といっても、テレビや新聞で広告する費用はない。さらに言えば、それが効果的とは限らない。

特に、若い人にターゲットを絞った場合、マスメディアではなく、ソーシャルメディアの活用は欠かせない。そこで、固定ファンを多く持つ人気ウェブライターと共に、弘前移住に関するウェブならではの独自コンテンツを開発した。

公式サイトにいくら情報を掲載して待っていても、そこに誘導するためのルートがなければ、誰も見に来てくれない。ソーシャルメディアで親近感を高めて、公式サイトに誘導する方法を考えた。

いったいどんなコンテンツを開発したのか。市長との対談などを行ったのだが、旧来型のメディアタイアップにはない、斬新かつ型破りな切り口で気取らない、等身大の街の姿や市長の人柄が表れ、ツイッター、フェイスブックなどで絶賛され、次々に拡散していった。

葛西憲之（かさいのりゆき）

弘前市長。1946年弘前市出身。国立函館工業高等専門学校卒業。70年青森県庁入庁、県土整備部長など歴任。2010年４月弘前市長に就任。11年秋、第６回マニフェスト大賞（首長部門）最優秀賞を受賞。現在２期目。

本日はよろしくお願いします。

あの、本日の様子は記事に書き起こすんですが、原稿の下書きはもちろんチェックして頂きます。

市長ともなると言っちゃマズいやつとかは当然色々あるとは思いますが、今日はその辺はあんまり深く考えずに、ざっくばらんにお答え頂ければ！

考えすぎて無難な事しか言えない、っていう方が困るんで、ヤバいやつは後からカットしてください！

弘前市のウェブサイトの移住ページ
「ヨッピーさんが弘前を満喫」

ヒロとサキ
連続移住小説
hiro&saki
連続移住小説「ヒロとサキ」。小説として文庫本サイズに編集

反響は、市役所にリアルな形（電話やメール）でも数多く寄せられた。「お役所なのにいい感じにエンタメで面白かったです」「ぜひ次回、国内旅行をする機会があるときは弘前に行ってみたい」「移住に対してゴリゴリに押してくるのではなく、楽しい話の中でそっと移住の話を入れてくる。しかも、デメリットである『雪』の話も盛り込んである。市長のぶっちゃけ感に心打たれました」など。市の移住ページのアクセス数は60倍強に跳ね上がった。

記事は現在も掲載中。弘前市のウェブサイトのトップ画面にある「移り住む先、弘前。ヒロとサキ」のバナーから、各コンテンツを見ることができる。ぜひ一度ご覧になっていただきたい。

http://www.city.hirosaki.aomori.jp/kurashi/ijuu/index.html

地方移住促進には、オープンマインドな姿勢が重要

２０１５年10月、当社の独自アンケートで首都圏の人々を対象に、日本国内のさまざまな社会課題に関す

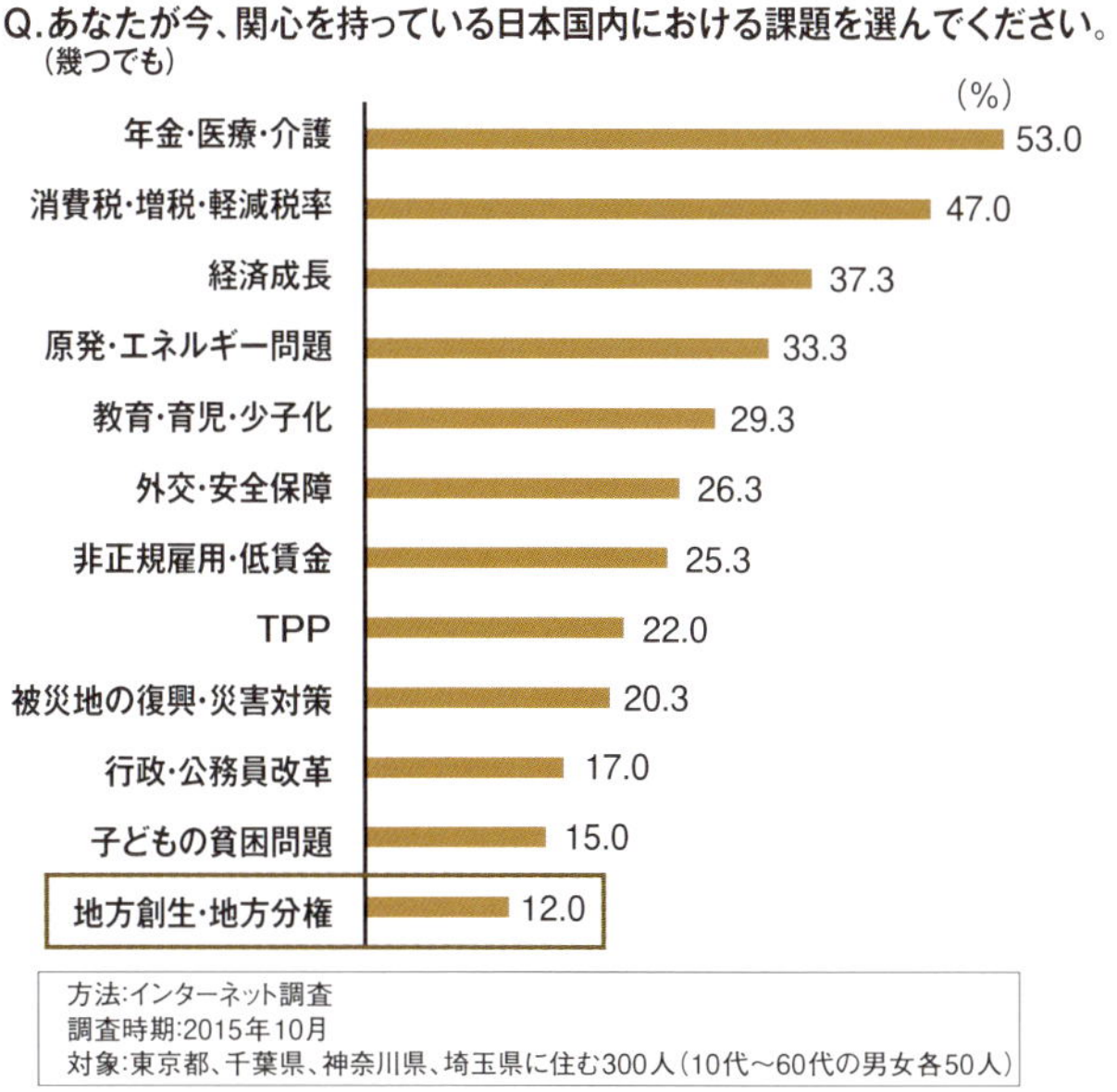

方法:インターネット調査
調査時期:2015年10月
対象:東京都、千葉県、神奈川県、埼玉県に住む300人(10代～60代の男女各50人)

電通PR独自アンケート結果

る関心度を調べた。その結果、最も関心度が高かったのは「年金・医療・介護」、その後に「消費税」「経済成長」などが続き、「地方創生・地方分権」は12・0%で、今回調査をした12項目の中で最下位であった。そういう意味では、移住という選択肢が、人々の将来への不安に寄り添い、和らげる、希望の「光」となるように、呼び掛ける側も活動を創出していくことが必要となるのだろう。

PR(パブリックリレーションズ)は関係づくりであり、事実がないところに、PRは存在しない。地方移住は、一朝一夕にはなかなか大きな成果が生まれないが、そうした仕事・住居・教育・医療などの諸施策、迎え入れる地元の人々の開かれた姿勢、オープンマインドがなければ、移住は促進されない。

「日常」を伝えることが移住PR、と最初に書いた通り、日常をどうつくっていくか、行政や市民が力を合わせてまちづくりを進めているという、そもそもの「定住の満足」が土台にあることが、移住検討者にとって、一番の説得力となるに違いない。

3 震災の記憶を継承する「神戸ルミナリエ」

――人々の思いを事業化し21年

復興・再生へ夢と希望を託す

1995年1月17日に阪神・淡路を襲った大震災は、死者6434人、負傷者4万人を超す未曽有の被害をもたらした。国際貿易港の利点を生かし、かつて「株式会社神戸市」と称された政令指定都市・神戸は、市民生活と共に、経済の生命線とも言える製造、物流、そして繁華街の機能を壊滅的に失った。

同年4月にはJR神戸線が地震発生からわずか74日という驚異的なスピードで再開するなど、昼夜を徹して復旧作業が進められたが、避難を余儀なくされた市民や事業者が元通りの営みを取り戻す目途はまったく見えなかった。

「神戸ルミナリエ」は、その年の暮れ、12月15日に始まった。15万個の電球を使用したイタリアの荘厳な光の芸術作品が、旧外国人居留地のストリートに設置された。作品テーマは「夢と光」。点灯の瞬間、通りを埋め尽くした人々を波が伝うように「うわぁー」という歓声が湧き上がった。同時に、震災犠牲者の鎮魂と神戸の復興・再生への夢と希望を託した光のシャワーを浴びた来場者の目からは一斉に涙が溢れ出した。年明け早々から春・夏・秋を感じることすらなく、闇の中で歯を食いしばって耐えてきた人々が、光の温かさを感じ、久しぶりに視線を空に向け、まさに固く縮こまった心を解き放った瞬間だった。

この年、感動と勇気を与える光を求めて、11日間で

２５４万人が訪れた。そして、目の前の復旧・復興以外のことに予算を投じるなど論外の状況下で、ＪＲ西日本、私鉄各社をはじめとする企業等の浄財と熱意で開催にこぎ着けた「神戸ルミナリエ」は、予想をはるかに上回る経済効果（さくら総合研究所＝現日本総合研究所試算では全国で９６５億円の新たな生産を誘発）をもたらした。

神戸ルミナリエは、震災後〝広告会社が被災地のためにできること〟を模索していた電通関西支社のプロモーションチームがバロック時代の祭礼や装飾芸術を起源とするルミナリエ（注）の存在を知り、その所在や成り立ち、アートディレクターを調査して発掘したコンテンツである。建物や街の復旧が思うように進まず、暗闇に包まれていた神戸の街に〝希望の光〟を照らし、神戸の人々に前を向いてもらえるよう、自らも被災しながら復旧・復興に全力で取り組む神戸市の職員らとともにグループ会社、協力会社が一丸となり実現にこぎつけた。

その結果、地元経済界や市民から冬の集客観光促進事業の柱としての期待が高まり、「神戸ルミナリエ」は規模を拡大して継続開催される運びとなった。

神戸ルミナリエとＰＲの歩み

２０１４年、「神戸ルミナリエ」は20年目の節目を迎えた。第１回が開催された１９９５年の歳末は、翌年の米アトランタ五輪に向けて家電メーカー各社がハイビジョンテレビの開発を競っていた。ちなみに、ハイビジョンの評価を決定付けたのは阪神・淡路大震災ともいわれている。中継車が入れない路地にＮＨＫが手押し車にハイビジョンカメラを載せて取材し、従来は伝えられなかった細部の亀裂まで鮮明に映し出したからだ。

「この革命的な映像技術をルミナリエに適用しない手はない」と考えた私たちＰＲスタッフとＮＨＫ神戸放送局報道部の映像チーフの意思は、見事に合致した。96年、第2回「神戸ルミナリエ」の点灯式にはハリウッド映画の撮影現場のような大掛かりな機材が運び込まれ、単なる電飾とは異なる芸術作品としてのルミナリエの繊細さ、荘厳さを伝える映像がテレビ画面に映し出された。また、俳人の黛まどかさんを招き、彼女が代表を務める女性だけの俳句結社のメンバーと共に吟行する様子もニュースに花を添えた。ちなみに、このときから「ルミナリエ」は季語に加えられた。

これが大きなきっかけとなり、テレビドラマのロケや、生中継のオファーが殺到し、全国から観光客を集める役割を果たした。誰もいない会場から独占中継を希望する番組も続出し、冬場に何度も夜明け前の対応を行った。

その後、2000年にはカメラ付き携帯電話によるメール送信の普及がスタートし、ソーシャルメディア

第1回神戸ルミナリエ（1995年）の作品
ⓒ Valerio Festi/I&F Inc./Kobe Luminarie O.C.

回	開催年	作品テーマ	来場者数
第1回	1995年	「夢と光」(Dei Sognie della Luce)	約254万人
第2回	1996年	「讃歌ー輝けるときを求めて」(Ode per il tempo di luce)	約386万人
第3回	1997年	「大地の星たちに捧げる」(LE STELLE DELLA TERRA)	約473万人
第4回	1998年	「光の星空」(FIRMAMENT DI LUCE)	約516万人
第5回	1999年	「“Pure”な光の下で」(Nel cielo di pura lice)	約516万人
第6回	2000年	「光の永遠(インフィニティ)」(L’INFINITO)	約474万人
第7回	2001年	「光の願い(デジデリオ)」(Desiderio di Luce)	約519万人
第8回	2002年	「光のぬくもり」(La Luce ē Vita)	約464万人
第9回	2003年	「光の地平線(オリゾンテ)」(La luce dell’Orizzonte)	約507万人
第10回	2004年	「神戸、光の都」(La citta della Luce)	約538万人
第11回	2005年	「光の第二章」(Inizia il secondo capitolo della Luce)	約436万人
第12回	2006年	「光の魅惑」(L’Incanto del Cielo)	約465万人
第13回	2007年	「光の紀元」(“ L’era della Luce”)	約404万人
第14回	2008年	「光のインフィニート」(Luce d’ infinito)	約376万人
第15回	2009年	「光の抱擁」(L’ abbraccio della luce)	約365万人
第16回	2010年	光の心情「輝きの記憶を留めるために」(IL CUORE NELLA LUCE)	約343万人
第17回	2011年	「希望の光」(Luci di speranza)	約342万人
第18回	2012年	「光の絆」(La Luce di KIZUNA , la solidarieta , la fratellanza e il legame)	約340万人
第19回	2013年	「光の記憶」(Memoria della Luce)	約354万人
第20回	2014年	神戸　夢と光(Kobe,citta dei Sogni e della Luce)	約344万人
第21回	2015年	心の中の神戸(Nel Cuore Kobe)	約326万人
第22回	2016年	光の叙情詩(Ode della luce)	約325万人

「神戸ルミナリエ」の歩み

の起源とも言える口コミ効果もルミナリエ人気を後押しした。

しかし、10年目を迎えた04年の538万人をピークに、来場者は減少傾向をたどる。リーマン・ショック（08年）、東日本大震災（11年）など経済を揺るがす出来事の影響はあるが、何よりも10年の節目を境に、その資金面から継続開催の是非が問われ始めたのだ。

原点回帰

震災年の新生児が成人になる間、震災を経験していない神戸市民は約4割に達した。20年の歳月は、震災の報道を「復興・再生の記録」から「記憶を語り継ぐ」内容へと変化させ、「風化」のワードやコメントが徐々に強調されるようになった。

そして「神戸ルミナリエ」も毎年議論を重ねながら、2007年以降はそれまで14～15日間だった会期を12日間に短縮。また同年からボランティアを募り、「1人100円募金」への協力を来場者に呼び掛けるなど、創意工夫を繰り返しながら存続の道を歩んでいる。

「神戸ルミナリエ」が神戸にとっての冬の観光集客イベントであることは言うまでもない。しかし、資金難のなか存続し得たのは、震災を経験した人々のさまざまな思いを背負ったメモリアルな祭りだからである。「神戸ルミナリエ」の会場でもあり、神戸市役所に隣接する公園（東遊園地）内には、震災で亡くなられた方の名前を刻んだ銘板などが納められた「慰霊と復興のモニュメント」がある。

毎年、震災発生日にはこの場所で「1・17のつどい」という追悼行事が行われる。鎮魂、記憶、願い、温も

年度	募金額
2007年	約8,684万円
2008年	約7,748万円
2009年	約7,149万円
2010年	約6,389万円
2011年	約6,054万円
2012年	約5,151万円
2013年	約5,288万円
2014年	約4,802万円
2015年	約4,878万円
2016年	約4,238万円

1人100円募金の推移

募金への協力を呼び掛けるボランティアスタッフ

り、夢、希望、永遠、絆……そこに込められた思いはルミナリエと同様だ。

それでも「神戸ルミナリエ」が存続するのは、1・17に流した涙とは異なる思い出や感動、意義が詰まっているからであり、その挫折が「風化」の助長につながることを強く予感できる人々がいるからだ。

東日本大震災と次世代への継承

2011年、震災の「風化」に歯止めをかける出来事が起こった。東日本大震災である。同年の「神戸ルミナリエ」は、東日本の被災地へ犠牲者の鎮魂の祈りと復興支援のエールを送ることを開催趣旨に加え、さまざまな連携によって改めて震災について考えるきっかけとなった。

連携を可視化する中心的役割を担ったのが若者たちである。神戸芸術工科大学・かわい研究室の学生たちによる「ヒトキズナ」は、アートやデザインの分野を中心に「阪神・淡路大震災を次世代に伝える」をコンセプトに活動を行っているプロジェクトチーム。彼らは特設の「絆と交流のゾーン」で、神戸の子どもたちが描いた台紙に来場者が書き込んだメッセージを缶バッジに加工して展示し、会期後、東日本の被災地に赴いて子どもたちに届けた。

また、神戸夙川学院大学の学生は、宮城県石巻市でのボランティア活動をきっかけに始めた「希望の缶詰」を販売。津波被害を受けながらも工場跡などに堆積した瓦礫や泥の中から掘り出し、多くの被災者を救った缶詰である。

自然災害による被災地域との絆と交流を深める活動は、翌年以降も続いている。13年は、被災直後に小学校の音楽教諭、臼井真先生が神戸の再生を願って作詞・作曲し、今日まで神戸で大切に歌い継がれてきた歌「しあわせ運べるように」の誕生の経緯などを紹介するミニシアターを開設。14年には「心の歌」として神戸の人々を励ましてきたこの楽曲を、福島から招いた小学生と神戸の小学生が合唱した。これらは文字通り、1995年の大震災を知らない世代による継承活動だ。

神戸の冬の風物詩、観光資源である「神戸ルミナリエ」。しかし、私たちが目指すPRの軸足は、いかに多くの観光客を集めるかではない。来場者数や経済効果など記者が求める情報ニーズに応えることでもない。作品の素晴らしさと共に、「神戸ルミナリエ」の精神的な意義をいかに伝え続けるかである。そのための仕組みづくりを事務局の一員として共に検討し、この事業を取り巻く人々、特に若い世代が活動する姿に報道の視点を誘導していくことに注力している。具体的には地元の大学生や高校生に市民サポーターとして、ボランティアの立場で運営を支えていただき、若い世代が積極的にルミナリエに関わる画を提供することで、彼らへの取材へとつなげた。

神戸芸術工科大学・かわい研究室の学生たちによる「ヒトキズナ」

また、デジタルメディア、ソーシャルメディアの活用法にも検討が必要と考えている。ただ単に開催情報や会場の様子、作品の情報が拡散するだけでは成果とは言えない。15年には、閉会のセレモニーとして行われる「消灯式」を地元の地域情報サイトがフォーカスした。消灯式とは儀礼隊が整列し「阪神・淡路大震災犠牲者の鎮魂の思い」を込めて敬礼を行い、鐘の音とともに一斉に消灯する最終日に行われるセレモニーである。実のところ、この年までは消灯式にわざわざ駆けつける人はほんの一握りの人だけであったが、消灯式に立ち会えば「神戸ルミナリエ」の本来の目的が理解できるという趣旨の報道が掲載された結果、ソーシャルメディアで想定外の広がりを見せ、過去に類を見ないほどの人が消灯式に押し寄せた。「神戸ルミナリエ」のPRの担い手として常に意識し続けなければならない視点だ。

変わらないPRの使命

２０１５年も12月4日に「神戸ルミナリエ」が開幕し、同13日まで行われた。神戸ルミナリエ組織委員会の会長を務めた久元喜造神戸市長は、点灯式のあいさつで「次世代への継承」を強調した。

「神戸ルミナリエ」を継続するための募金活動は、第20回から募金箱に加えて電子マネーも導入され、第21

回はインターネットを通じた寄付型クラウドファンディングプラットホームも採用の運びとなった。

時代は移り変わり、メディア環境やコミュニケーション形態も刻々と変化する。しかし、人を動かすのはボランティアの呼び掛けであり、その熱意を伝える報道である。「神戸ルミナリエ」のＰＲを担う者の使命は、震災の年に多くの人々の想いが結実して始まったこの祭りの原点の語り部であり続けることである。

第21回の作品。この回から電球はすべて発光ダイオード（LED）が採用された
ⓒ Kobe Luminarie O.C.

【受賞歴】

１９９７年震災復興を先導するイベントとして国の復興特定事業に選定されたほか、地方自治法施行50周年を記念して全国52新聞社と財団法人地域活性化センター（当時）が実施した「ふるさとイベント大賞」で選考委員特別賞を受賞。その後、２００５年には「関西財界セミナー賞」特別賞、07年には財団法人日本産業デザイン振興会（当時）の「ＳＤＡ賞」特別賞（ＳＤＡ会長賞）を受賞するなど、各方面からも評価を得ている。

注

「ルミナリエ」とは、欧州のバロック時代（16世紀後半、ルネサンス期）に盛んに創られた祭礼や装飾芸術の一つとして誕生した、光の魅力を駆使した建築物がその起源とされ、やがてイタリア南部において電気照明を使用した幻想的な光の彫刻に変化を遂げ、現在の形態になったもの。さまざまなデザイン様式の木製アーチの構造体に、色とりどりの電球による彩色が施された光の彫刻は、その設置デザインによって3次元的な芸術空間を創造するもので、アーチ型構造体を道路上に設置した「Galleria（ガレリア）」と呼ばれる遠近感のある回廊や「Spalliera（スパッリエーラ）」と呼ばれる光の壁掛けなどで構成される。

Part 6

海外におけるPR戦略

優秀なPR活動に対して贈られる
国際アワードが幾つかある。
その受賞事例は、
状況は違えども学ぶところは多い。
ここではPR業界のリーダーたちによる審査で選ばれた
海外の自治体の成功事例を幾つか紹介する。

1 海外のPR業界賞に見る官公庁の成功事例

――ベルリンの壁崩壊25周年イベント「リヒトグレンツェ(光の境界)」に学ぶ

PRの創造性・革新性を評価する国際アワード

ここからは、海外の官公庁のPR事例を見ていきたい。日本とはメディア事情、文化・社会環境が異なるので、海外の事例はあまり参考にならないと思われるかもしれないが、国際的なPRの業界アワードを受賞したような優れた事例は、状況が違えども、学ぶべきことも多い。

そもそも日本を含め、世界には多くのPR業界賞があり、さまざまな企業、官公庁、NPO、業界団体、PR会社が取り組んだPRキャンペーンをエントリーしている。本書で紹介した熊本県の「くまモンほっぺ紛失事件」(18ページ)や千葉県浦安市の「ビーナス計画」(110ページ)も日本から海外のPR業界賞にエントリーし、受賞した事例である。

海外のPR業界賞にはよく「パブリック・セクター(官公庁)」と呼ばれる部門が存在し、官公庁が直接、あるいはPR会社や広告会社を通してこの部門にプロジェクトをエントリーしている。またパブリック・セクター以外にも、住民に対してコミュニケーションを展開する「コミュニティ・リレーションズ」という部門や、観光PRをエントリーする「トラベル&ツーリズム」といった部門があり、これらの部門にも官公庁がエントリーしているのをよく見かける。

まずは図表で世界の主だったPRの業界賞をリストアップする。

世界の主だったPRの業界賞

アワード名	主催者	直近の総応募数
アジア・パシフィックSABREアワード	The Holmes Report	約1,600件
グローバルSABREアワード	The Holmes Report	約5,000件
PRアワード・アジア	ヘイマーケット・メディア	733件
ゴールデン・ワールド・アワード	国際PR協会	350件
カンヌライオンズ　PR部門	カンヌライオンズ	2,224件
スパイクスアジア　PR部門	カンヌライオンズ／ヘイマーケット・メディア	286件
PRアワードグランプリ	日本パブリックリレーションズ協会	107件

PRWeekアワード・アジアは2016年にPRアワード・アジアに名称変更

ベルリン市のプロジェクトを手掛けて、2015年カンヌライオンズでゴールドを受賞したクリストファー・ボウダー氏（左）。右はデザイン部門の審査員長アンディ・ペイン氏（写真提供:カンヌライオンズ）

まだまだ、挙げれば切りがないほど多くのＰＲ業界賞が存在するが、エントリー数が多く、日本からも比較的多くエントリーされているのは、図表のアワードである。

アジア・パシフィックSABREアワード（注）とＰＲアワード・アジアは共にＰＲの業界メディアが主催する。全世界的なコンペティションではなく、アジア太平洋地域の団体・ＰＲ会社が、同地域で実施したＰＲプロジェクトをエントリーするアワードである。ゴールデン・ワールド・アワード（正式名＝ゴールデン・ワールド・アワード・フォー・エクセレンス）はＰＲの国際的な業界団体が主催している。地域や国の限定はなく、全世界からエントリーできる。カンヌライオンズ（正式名＝カンヌライオンズ国際クリエイティビティ・フェスティバル）とスパイクスアジア（正式名＝スパイクス　アジア　フェスティバル・オブ・クリエイティビティ）は共にカンヌライオンズという団体が主催するものであるが、もともとは広告業界が中心になってセミナーやアワードを展開するものであった。２００９年からカンヌライオンズにＰＲ部門ができ、11年からはスパイクスアジアにもＰＲ部門が創設された。カンヌライオンズは全世界的なコンペティションで、スパイクスアジアは、アジア太平洋地域に限定されたアワードである。最後に挙げたのは国内のＰＲ業界団体、日本パブリックリレーションズ協会が主催するアワードである。

多くの場合、ＰＲ会社や、企業・団体のＰＲ部署の実務家が審査員を務め、それぞれの部門で優秀なものに賞が授与される。審査員団はさまざまな国から選ばれており、受賞するものは国や文化の違いを超えて、ＰＲの創造性、さらには革新性を伝えることができたものである。

地方自治体がＰＲを行う場合、国際賞を取ることを目的とするわけではない。しかしながら、日本政府が外国人観光客４０００万人の目標を掲げるなか、海外の受賞事例に目を向けることにより異文化を背景とした視点でＰＲを考えることは有益である。また、海外の優れた事例を学ぶことにより、ＰＲを政策的観点から捉えるきっかけになれば意義深いのではないか。さらに、１４４ページで紹介する豪クイーンズランド州が行ったグローバルキャンペーン「ベスト・ジョブ・イン・ザ・ワールド」は、国際賞を幾つも受賞したが、受賞後、当事者の間でもっとグローバルキャンペーンをやっていこうという気運が高まったということである。アワードの受賞は、当事者のモチベーションアップにもつながる可能性がある。

次に、審査基準を簡単に説明しておくと、どのアワードにおいても戦略、アイデア・オリジナリティー、実施内容、成果で判断される。

戦略

まずは、何らかの目的があってPR活動を始めるものであるが、やみくもに戦略を立てたのでは、うまくいかない。事前に調査を行って、直面している課題・機会をしっかりと把握し、ターゲット層を分析し、どのようなコミュニケーション・チャネルを使い、どのようなメッセージを届けたらよいのかを事前に確認し、インサイト（状況の洞察）に基づいた戦略を立案すべきである。

アイデア・オリジナリティー

直面している課題が大きいほど、ターゲット層の意識変化や態度変容を起こすのは難しい。時には勇気を持って、リスクを覚悟で大胆な策を取らねばならないこともある。海外のアワードでは、特にオリジナリティー（独創性）が高く評価される。ありきたりの方法でメッセージを届けようとしても、情報があふれる現代社会では誰も振り向いてくれないかもしれない。

また、ターゲット層にある種の共鳴を生み出し、共感をもって受け止められるようにするには、「クリエイティビティ」も重要になってくる。「クリエイティィ」という言葉の定義には、人によって解釈もいろいろあるが、例えば、筆者は①物事に新しい光を投げ掛けるもの②われわれを立ち止まらせ、今まではどのように見ていたのか考えさせるようなもの③今まで関係がないと思われていた二つのものを結び付け、驚きを与えるようなもの――などであると考える。いずれにせよ、誰もやったことがない、面白いアイデアがあることで、PRキャンペーンに接触した人々を立ち止まらせ、感情的なコネクションを生み出すようなものである。

実施内容

実施内容では、事前に立てた戦略・アイデアを基に、いかにビジネス上の成果を導くようなプランを組み立てられたかということが問われる。そこでキーとなるのが「レリバンシー（relevancy）」である。本書ですでに「レリバント」という言葉が出てきているが、「レリバンシー」という言葉は非常に日本語に訳しにくい英単語である。しっくりする和訳が見当たらないのでカタカナを使用したが、欧米のＰＲ・マーケティング業界で頻繁に目にする言葉である。英和辞典を引くと「関連性」「妥当性」「適切性」といった和訳が出てくる。

ターゲット層が、「自分にとって関連のある情報だ」と思うようにレリバントなメッセージをレリバントなメディアや仕掛けを使って働き掛けていく必要があるということである。インパクトのある手法で、こちらが伝えたい情報にターゲット層を振り向かせ、意識変化・態度変容を起こすような施策でなくてはならない。

ターゲットごとに、接触するデバイスやメディア、響くメッセージは異なる。ＰＲ活動を行う場合は、レリバンシーのあるコミュニケーションの設計が必要である。

成果

最後にＰＲキャンペーンの成果について触れたい。ＰＲ活動の成果には、目的ごとにいろいろなものが考えられるが、まず大切なことは、最初に決めた目標に沿った成果でないといけないということである。副産物として得られたものが最終成果になってはならない。また、本書の概論でも解説したが、手段が目的化するのもいけない。ウェブサイトや雑誌を作ったり、イベントを実施したりすること自体が目的化してしまっているのをよく見かけるが、話題づくりで終わってしまい、それが何も生み出さないのであれば意味はない。情報のリーチ数（到達数）は得られているものの、それが実際にターゲットとしている層に届き、彼らの意識変化・態度変容をもたらしたかどうかが重要なのである。

ニュースメディアでの報道も同じである。報道件数、メディアインプレッション（発行部数や視聴者数）などを成果と捉える方もいるが、PR業界のアワード審査では、「パブリシティーはプロセスであって成果ではない」と考えられている。PRキャンペーンの成果は、ターゲット層の意識変化・態度変容をもたらした結果として出てくる、売り上げ・出荷数の伸び、投票率の向上、寄付金の伸び、公共政策実現のための合意形成といったものである。

それでは次に、2015年、カンヌライオンズのPR部門で銅賞を受賞したドイツ・ベルリン市の周年事業を紹介したい。このプロジェクトはPR部門以外に、デザイン部門で金賞を受賞し、アウトドア部門でも銅賞を受賞している。

ベルリンの壁崩壊25周年を記念する「リヒトグレンツェ（光の境界）」

2014年11月、ベルリン市は東西の壁崩壊25周年を迎えた。ベルリン市は、壁の崩壊25周年を市民のために、そして市民と共に祝うため、3日間のイベント

2014年11月に行われたベルリンの壁崩壊25周年イベント「光の境界」

を企画していた。そしてこのイベントのために、何か大きなアイデアを模索していた。イベントはベルリン市の主催で、14年当時のベルリン市長であったボーベライト氏が指揮を執ることになっていた。市は、周年事業が行われる週末を、ベルリンの壁を思い出し、理解し、そして崩壊を祝うものにしようと計画していた。

そこで浮上したのが、途方もない光のインスタレーション「リヒトグレンツェ（Lichtgrenze＝光の境界）」を街全体に展示するというアイデアであった。この「光の境界」は、かつての東西ドイツを隔てていた壁があった境界線上に設置されたのである。アイデアを考え、プランニング、実施まで手掛けたのは「ホワイトボイド」というドイツのデザイン会社である。

ベルリンの壁が崩壊した直後は、東西の違いがはっきりと存在していたが、今ではどこに壁がたっていたか誰もはっきりと言えないほどになっている。この事実は、「光の境界」プロジェクトを生み出すインスピレーションとなった。ベルリンの壁をもう一度認識し、その歴史的なインパクトについて語り合い、今日のベルリンの基礎をつくり上げる結果となった壁の崩壊の重要性について理解する機会を提供すべきであると考えられたのである。

光を使うというアイデアは、ドイツ統一に導いた社会・政治的なプロセス「Peaceful Revolution（平和革命）」を象徴的に表現するものであった。１９８９年10月に東ドイツのライプツィヒで開催された抗議デモには、ドイツ民主共和国（東ドイツ）の当局に対して抗議するため、7万人の民衆が平和を象徴するものとしてろうそくを手にして集まった。その1カ月後、二つのドイツを出入りするチェックポイントが開き、ベルリンの壁が崩壊したのである。

政治的、文化的重要性を負ったインスタレーションとして、「光の境界」プロジェクトは、パブリック・エンゲージメントも目的としていた。「エンゲージメント」という言葉も本書で何度か登場しているが、「支持・賛同し、好意的に関わっていく」という意味に解釈するのがよいかと思う。つまり、パブリック（一般社会）がこのイベントを支持し、賛同し、関わってくれるようなものにしたかったということである。

全長15・3キロメートルに8000個のバルーン

2014年11月7日から9日までの3日間、かつてベルリンの壁があった境界線全長15・3キロメートルに、8000個もの光のバルーンが設置された。ボルンホルマー通りからオーバーバウム橋まで、マウアーパークを通り過ぎ、ベルナウアー通りにあるベルリン・ウォール・メモリアルに沿って、ブランデンブルク門、そしてポツダム広場を抜け、チェックポイント・チャーリー（旧国境検問所）、ベルリンの壁に絵を描き保存しているイーストサイド・ギャラリーまで、このバルーンのインスタレーションは、ベルリンの中心部に設置された。

最終日の11月9日、「光の境界」はベルリン市だけではなくドイツ連邦政府の公式な記念行事の中心にもなった。目を見張るような光景がテレビで放映されるなか、8万人ものベルリン市民がボランティアとして

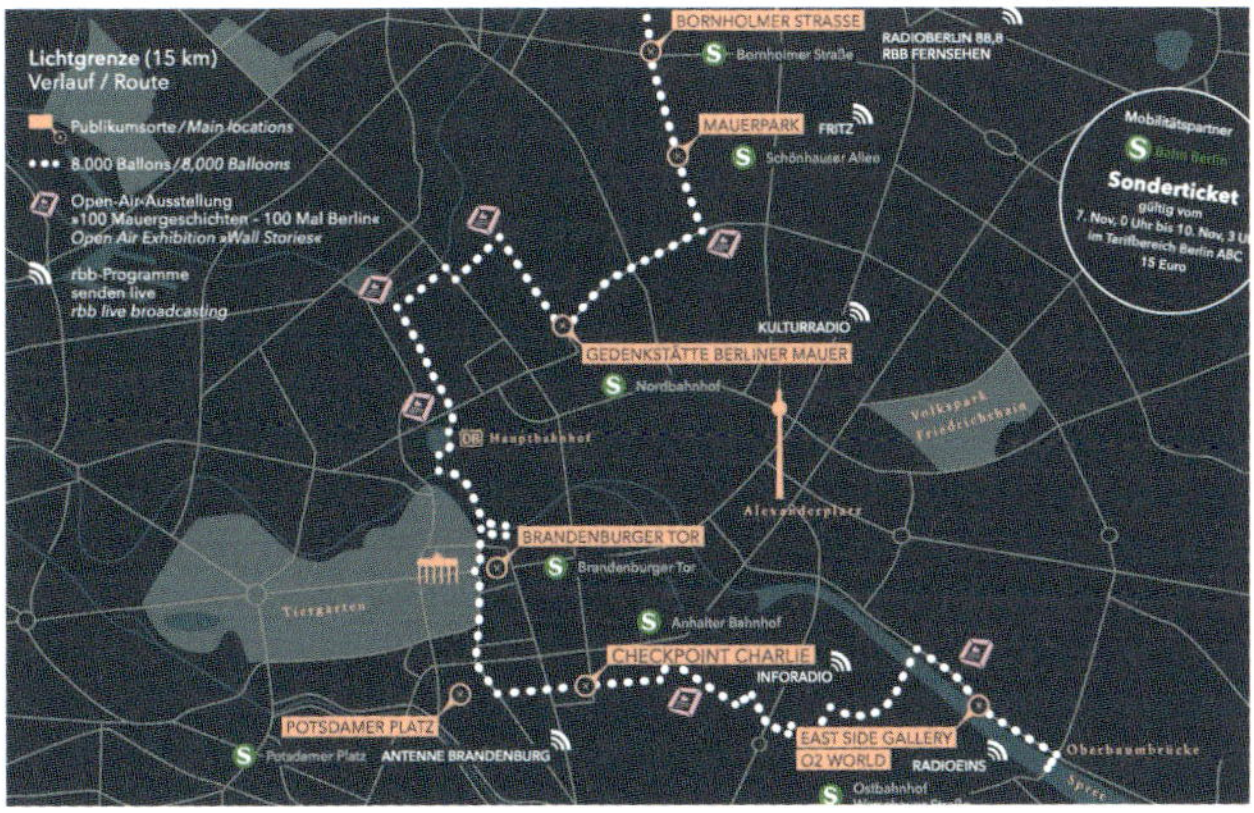

マップ提供:Kulturprojekte Berlin GmbH

上空から見た「光の境界」

集まり、ベルリンの夜空にバルーンを放った。おのおののバルーンには、ベルリンの壁とその崩壊にまつわるそれぞれのメッセージが書かれていた。1989年にベルリンの壁が市民の手によって崩壊したように、このイベントでは光の壁が市民によって解体されていった。今回は、文字通り、「跡形もなく(into thin air)」消えていったのである。(「thin air」には「空に」という意味もある)。世界から集まった何十万人もの人々が「光の境界」に沿って2日間歩き、話し合い、お互いに意見を交わし、学び、理解し、喜びを感じた。最後の3日目のバルーンを放つイベントには100万人以上の人々が参加したが、これは11月としてはベルリン史上最大の訪問者数となった。

何千ものテレビ、ラジオ、新聞、各種メディアが全世界にこのイベントを報道した。また、フェイスブック、ツイッター、写真共有サービスのインスタグラムなどのソーシャルメディア上で数え切れない数の投稿が行われた。「光の境界」という言葉のグーグルの検索ヒット数は、1カ月の間に、50件から25万件に膨れ上がり、14年ドイツの〝今年の言葉〟に選ばれた。

メッセージを付けて空に放たれたバルーンを撮影する大勢の人々

「光の境界」を考案したボウダー兄弟。マーク（左）とクリストファー（右）

このイベントは行政側が一方的に行うイベントに終わるのではなく、市民を巻き込み、壁の崩壊について学び、語り合う機会を提供したというところが意義深い。また、多くのニュースメディアが世界に報道するような演出を行ったということも素晴らしいが、参加した人々の感情的コネクションを築き、彼らが自らストーリーテラーとなって、友人や家族にソーシャルメディアでメッセージを発信したくなるような絵づくりを行ったというところも重要である。人々の記憶に残る、いつまでも語られるような周年事業になったことは確かである。

ちなみに、この時に開発された「バルーン・ライト」と呼ばれる照明は、ベルリンの壁の高さとほぼ同じ3・4メートルで、水を入れて安定させた白い台、ロッド（棒状の取っ手）、バルーンと三つの部分に分かれている。直径60センチメートルの先端のバルーン部分は発光ダイオード（LED）電球によって照らされていた。バルーンはかなり軽量で、空気やヘリウムガスで膨らませることができるそうである。素材はラテックス（ゴムの木の樹液）で、微生物が分解する素材となっているので環境にも優しい。これが2・5メートルの等間隔で設置されていった。ついでに、このバルーンをくくり留めるクリップは、このプロジェクトのためにハノーバー大が開発したもので、これもまた微生物が分解する素材でできているそうである。

注　アジア・パシフィックSABREアワードを含む各地域のSABREアワードの受賞作は、グローバルSABREアワードにノミネートされる。

2 海外自治体のグローバルPRキャンペーン

――豪クイーンズランド州「ベスト・ジョブ・イン・ザ・ワールド」

ここでは、多くの自治体が取り組むインバウンド観光誘致のためのＰＲキャンペーンを紹介する。

２００９年にオーストラリアのブリスベンにある広告会社サピエント・ニトロ（当時の社名はカミンズ・ニトロ）がクイーンズランド州政府観光局のために行ったグローバルＰＲキャンペーン「ベスト・ジョブ・イン・ザ・ワールド（世界最高の仕事）」である。そのユニークな取り組みと、素晴らしい成果を上げたことで、09年のカンヌライオンズＰＲ部門でグランプリを受賞した。同年はカンヌライオンズにＰＲ部門が創設された年で、このキャンペーンはＰＲ部門初のグランプリ受賞作である。

ちなみに、この年、カンヌライオンズＰＲ部門の審査員長を務めたのは、ティム・ベル卿という、英国のＰＲ会社チャイム・コミュニケーションズの会長であった。ベル卿は、故マーガレット・サッチャー元首相のアドバイザーであったことでも有名な人物である。

◆事例――「ベスト・ジョブ・イン・ザ・ワールド」

直面していた課題

２００８年1月、サピエント・ニトロは、クイーンズランド州政府観光局から、同州の島々の認知度を高めるため、全世界的な観光キャンペーンの企画と実施を依頼された。当時、一般的に旅行者が休暇で海に行く計画を立てる際、まず最初に頭に浮かべるのは、ハワイ、モルディブ、カリブの島々という状況であった。世界最大のサンゴ礁グレートバリアリーフは世界自然遺産に登録されていたが、この地域の島々は比較的無名であった。また、たとえこういった島々を知っている人であっても、「オーストラリア大陸から日帰りツアーで行く場所」という思い込みが定着していたのである。世界的には、グレートバリアリーフに美しい島々があり、そこで実際に宿泊することができ、「〝Life Above〟 the Reef（サンゴ礁の上の生活）」が楽しめるという事実はあまり知られていないという状況であった。

こういった課題解決と「Life Above（より高品質な生活）」という、クイーンズランド州のブランドポジションを実現するため、同州は革新的なグローバルキャンペーンを行いたいと考えていたのである。

〝世界を渡り歩き体験を求める人々〟という大きなターゲット層を取り込むことが目標として設定された。彼らをクイーンズランド州政府観光局のウェブサイトに誘導し、グレートバリアリーフの島々の世界に比類のない美しさと、そこで得られる経験を見せたいと思っていたのである。

「低予算」の逆境をビッグアイデアで乗り切る

ただし、クイーンズランド州政府観光局には、グローバルなマーケティングキャンペーンを実施するのに、わずか120万米ドル（2009年年初の為替レートで約1億2000万円）という予算しかなかった。そのため、このプロジェクトを受注したサピエント・ニトロは、クイーンズランドに関するニュース価値の高い〝何か〟を生み出し、広告ではなく、マスメディアの報道やソーシャルメディアに頼るしかないと考えた。

全世界がターゲットであったが、PRチームは、なかでも八つの地域をキーマーケットとして設定した。八つのキーマーケットとは、英国、米国、欧州、日本、ニュージーランド、インド、中国、韓国である。これらの地域にいる人々は、他の地域に比べ、オーストラリアに旅行する志向が高いことが分かっていたからである。PRチームは、クイーンズランド州政府観光局とオーストラリア政府観光局が行った調査と、キーとなる国際市場から得た情報を基に、ターゲット層、戦略、戦術を定義していった。

サピエント・ニトロは、限られた予算で、全世界の人々にエンゲージする（共感を持って支持・関与してもらう）には「ビッグアイデア」が必要であると考えた（「ビッグアイデア」については、159ページを参照）。彼らは全世界の多くの人々が抱くであろう望みについて、まず考えた。そして、〝世界で最高の仕事〟を考えついたのである。具体的には、グレートバリアリーフのハミルトン島の管理人という仕事である。美しいハミルトン島に6カ月住みながら、高額の給料をもらって、クイーンズランド州の魅力を全世界に向けて発信するという仕事である。この求人募集を全世界に出せば、世界中から多くの応募が来て、ソーシャルメディアなどでバズ（口コミ）を生み、ニュースメディアでも取り上げられるであろうと期待したのである。

周到な準備を経て実施へ

サピエント・ニトロは、キャンペーンの開始時期を、地球の北半球が冬の時期になるよう設定した。つまり、クライアントから相談が来てから1年後の1月である。そうすることにより、1年間の準備期間が確保される。この期間に、クイーンズランド州政府観光局の海外の事務所にもプロジェクトの概要説明が行われ、協力要請がされた。また、報道用資料も用意され、専用のウェブサイトが開設され、すべてが整えられたのである。1年間、毎週3日間、サピエント・ニトロのクリエーティブチームはクライアントと定期的に会い、準備を

募集とコンテンツを提供するためのキャンペーンのウェブサイト（写真提供：サピエント・ニトロ）

進めていった。

サピエント・ニトロは、期待通りにキャンペーンが展開できなかったときのために、別案も周到に用意していった。これ以上、準備ができないというぐらい、十分な準備がされたのであった。

人材募集の告知は、小さなクラシファイド・アド（新聞または雑誌の短い広告で、同じ種類の他の広告と共に掲載されるもの。通常求人・求職などに利用されることが多い）で行われることになった。応募は、1分以内の自己PRのビデオを制作し、応募サイトでアップロードすることによって行われた。広告の内容は左の枠内の通りである。

ここに書かれている以外には、18歳以上という応募条件があった。また、メディアの取材を受け、英語でブログを更新せねばならないため、英語力と高いコミュニケーション能力も要求された。アウトドアが好きで

各国で提出されたクラシファイド・アド
（写真提供：サピエント・ニトロ）

＜世界最高の仕事＞

オーストラリア
クイーンズランド州グレートバリアリーフの島々
職種：島の管理人
給与：15万オーストラリアドル（6カ月契約）
仕事の内容：プールの清掃、魚の餌付け、
郵便物の集荷、
探検と全世界への情報発信
応募の締め切り：2009年2月22日
面接：2009年5月4日
採用通知：2009年5月8日
仕事開始日：2009年7月1日

誰でも応募可
www.islandreefjob.com

あることも応募条件である。砂浜を巡回し、サンゴ礁をシュノーケリングで見て回ることも仕事に含まれるので、泳げなくてはならない。採用されれば、応募者の国からハミルトン島までの無料航空券が与えられ、三つの寝室が付いたビーチ沿いの家が無料で貸し出される。プールやゴルフ用のバギー車も付いている。

この小さな広告で特に重要なのは「給与が15万オーストラリアドル（当時のレートで約1000万円）」ということと「誰でも応募可」という部分である。単なる懸賞とは違い、実際に給料をもらえる正真正銘の仕事であること、そして〝誰でも〟ハミルトン島の管理人という「世界最高の仕事」を勝ち取れる可能性があるというメッセージで多くの人に「自分ゴト化」を促していることである。

サピエント・ニトロは、こういったビッグアイデアを実現するため、包括的なPR戦略を使い、採用キャンペーンを行いながら、〝世界を渡り歩き体験を求める人々〟に対し、グレートバリアリーフの島々の魅力を伝えていくことにした。人材の採用活動は、幾つかの段階を経て行われたが、それぞれの段階ごとに国際的なメディアでのパブリシティを展開していった。

クイーンズランド州の島々の認知度向上の成果は、キャンペーン終了後、次の測定基準で判断されることになっていた。

①全世界での報道件数

②ウェブサイトのトラフィック（アクセス数や閲覧ページ数などの量）

③仕事に応募するために送られてくるビデオの数の目標＝1万4000件

応募要項はクラシファイド・アド以外にもバナー広告などで、戦略的にキーマーケットにおいて発表することにした。プレスリリース、関連するストーリー、写真、クイーンズランドの動画へのアクセス方法もそれぞれの国で提供された。当然、各国でメディア事情が異なるので、それぞれの国では、国ごとに独自のアイデアやメディアへの働き掛けが考えられた。

また、12カ月のプロジェクトのそれぞれの段階で、さらなるPRやメディア活動が展開されるよう計画した。例えば、1次審査によって選ばれた50人の応募者の発表は、より認知を高め、メディアを通して露出を増やす機会を提供した。それぞれの段階において提供するコンテンツがあらかじめ計画されていたが、国に合わせて内容は調整され、それぞれの時点におけるプロジェクトの達成具合によっても中身は随時変更された。

キャンペーンの展開

募集は2009年1月10日から12日にかけてスタートした。グレートバリアリーフのハミルトン島から八つのマーケットに向けて報道資料が配布され、クイーンズランド州で記者会見が行われた。

応募期間は、09年1月12日から2月22日であった。応募要項を記したビデオと資料がキーマーケットに配布され、それぞれのマーケットごとの国内メディア、あるいは国際的なメディアでインタビューも行われた。また、写真やビデオコンテンツが提供された。

第1次審査の発表は4月2日に行われ、上位50人が発表された。そして、キーマーケットでは、それぞれの国で勝ち残っている応募者のメディアインタビューが行われた。その後、主催者とインターネットでの一般投票で最終候補者16人が15の国と地域から選ばれた。

15の国と地域とは、インド、フランス、英国、米国、台湾、ニュージーランド、カナダ、アイルランド、シンガポール、地元オーストラリア（2人）、韓国、オランダ、ドイツ、日本、中国であった。

5月3日、この16人はハミルトン島に招待された。その後、5月6日までの間、面接と水泳のテストが行

島の管理人となったベン・サウスオール氏
（写真提供:サピエント・ニトロ）

われた。また候補者が島に到着してから書いた島に関するブログとビデオコンテンツも審査され、メディアにも提供された。その結果、ベン・サウスオールという34歳（当時）の英国人男性が、最終的に島の管理人に選ばれたのである。

5月6日、再び、ハミルトン島での記者会見とプレスリリースによって採用者の発表が行われた。そしていよいよ、7月1日から記者会見とともに仕事が始まった。その後、雇用期間の6カ月の間、プレスリリースが配布されることになった。

前例のない大きな反響は、事前の予測を上回るものであったが、戦略とコミュニケーションプランはその後も展開されていった。

成果

それまで行われたいかなる観光キャンペーン（おそらく観光以外も含めすべてのキャンペーン）も、これほどまでに世界全体のさまざまなメディアに取り上げられ、多くの熱烈な反応が全世界の人々から来たものはないであろう。世界のメディアの報道には、米CNNテレビの特集、英BBC放送のドキュメンタリー、米誌『タイム』の記事などを含む。201カ国から応募してきた3万4684人が制作した、合計610時間ものビデオコンテンツが、クイーンズランドの観光資源を情熱を持って販促してくれることになった。選考は、一般投票も行われたが、素晴らしい職業の応募のために45万件以上の投票が行われた。また、56日間で、「islandreefjob.com」のサイトには、約685万件のアクセス、約4750万ものページビューがあり、平均滞在時間は8・62分であった。グーグルによる「best job in the world island」という検索は、5250万にも及び、23万件のブログが書かれ、4300以上の報道がされた。これは、カンヌライオンズにエントリーされる直前の2009年3月19日付の数字で、実際には、その後もどんどん伸びていった。

こういったニュース報道や情報の拡散は、実際のビジネス上の成果ももたらした。ハミルトン島の問い合わせは80％増え、Wotifというホテルのオンライン予約サイトでは、1月から4月のハミルトン島のリゾート予約が40％上がったという記録が出ている。金融危機で、世界的に経済情勢が悪化していた時期であるから、この予約の伸びはなおさら価値のあるものである。クイーンズランド州にあるウィットサンデー諸島ツーリズムの最高経営責任者（CEO）は、キャンペーン開始後、「われわれはもはや、われわれの島々がどこにあるのか説明しなくてもよくなった」と語っている。

島の管理人となったサウスオール氏は、ハミルトン島に6カ月住みながら、写真やビデオ付きのブログを更新し、自身の経験について日記に綴りながら、全世界の人々に、クイーンズランドの観光地としての魅力を発信していったのであった。彼はまた、6カ月の間に数多くのメディアからインタビューを受けたが、その中には米国の人気トーク番組「オプラ・ウィンフリー・ショー」も含まれており、番組は世界140カ国で放送された。

クイーンズランド州政府観光局日本事務所の田村充恵氏は、「弊局が実施したベスト・ジョブ・イン・ザ・ワールドは当事者の予想を上回る注目を浴びることになりました。私ども日本事務所でも、それまでに経験したことのないほどTV局から取材依頼の問い合わせがきたため、驚きの日々だったことを思い出します。その効果もあり、日本からのハミルトン島への渡航者数は前の年よりも大幅に増加しました」と述べている。

一方、島の管理人に選ばれたサウスオール氏は、6カ月にわたる職務を終えるとその後はクイーンズランド州の観光大使として、世界各地において同州のPR活動に携わり、日本においても10年にはセミナー、イベントに登場している。

クイーンズランド州の観光大使として来日したサウスオール氏（写真提供:クイーンズランド州政府観光局）

この「ベスト・ジョブ・イン・ザ・ワールド」はカンヌライオンズのPR部門でグランプリを受賞しただけではなく、サイバー部門、ダイレクト部門でもグランプリを受賞した。

さらに、このキャンペーンはカンヌライオンズ以外でも国際賞を多数受賞している。特に10年にエントリーされた、国際PR協会のゴールデン・ワールド・アワード（GWA）では、カンヌライオンズ同様グランプリを受賞した。カンヌライオンズへのエントリーから1年半たってエントリーされたので、より多くの成果がでており、それも評価されての結果であったろう。

GWAの審査員長を務めたフランスのPR会社i&eの社長ジャンピエール・ボードワン氏は次のように述べている。

この「ベスト・ジョブ・イン・ザ・ワールド」は、トラディショナルなメディアのインパクトとインターネットを駆使した真にグローバルなキャンペーンである。そして多くの国々で共通の課題となっている若者の就職問題を、サンゴの保護という環境目的と結び付け、「カメと一緒に泳いで給料をもらおう」というパワフルな魅力とともにクイーンズランドの観光促進を行った。よくある「白い砂浜・青い海、太陽の下でヤシの木が並ぶビーチ」といった従来のメッセージよりもはるかに効果的なメッセージで成功に導いたのである。また、キャンペーンが始まって1年半たった時点でも、その成果の持続性が見られ、さらにPRの付加価値を高めた。

このキャンペーンはメッセージのインパクトが強いこと、そして成果が長く持続したという意味でも、高く評価されたのである。

企業などがPRキャンペーンを行うと、その直後は大抵の場合、売り上げが伸びるといった手応えがある。しかし、その成果を長期にわたって持続させることはなかなか難しいのが現実である。

余談になるが、GWAの審査員長を務めたボードワン氏は、09年のカンヌライオンズPR部門でも審査員の一人に入っている。業界賞ではよくあることだが、同じ人が、世界のさまざまな国際賞の審査員になることがある。彼は同じキャンペーンを別の二つのアワードで審査したことになる。

州政府職員の意識変化

さらに、この「ベスト・ジョブ・イン・ザ・ワールド」以降、クイーンズランド州政府観光局では、グローバルで何かを行おうという気運が高まり、「ミリオンダラー・メモ」という新たな企業向けのグローバルキャンペーンも実施された。クイーンズランド州を社員報奨旅行の目的地として企業に選んでもらおうとするためのプロモーション・キャンペーンである。アワードを受賞するような大成功をおさめたキャンペーンを一度経験すると、一度きりでおしまいというのではなく、その後も新しい試みを続けようとする組織内の意識変化がおきるのではないか。そういった意味でもこの「ベスト・ジョブ・イン・ザ・ワールド」は素晴らしいキャンペーンであったと言えよう。

ビジネスモデルになったＰＲキャンペーン

クイーンズランド州政府観光局によって２００９年に実施された「ベスト・ジョブ・イン・ザ・ワールド」は、13年にオーストラリア政府観光局でも採用され、オーストラリア全体で実施された。島の管理人を募集するという「ビッグアイデア」を軸としたＰＲ活動が、単なるコミュニケーション・キャンペーンから、パッケージ化されたビジネスモデルになったのである。昨今、コミュニケーション活動の一環として企業が広告会社と組んで製品を開発・販売したり、新たなサービスを始めたりすることがある。製品開発・販売が、コミュニケーション活動の一部として行われ、コミュニケーションとビジネス活動の境界線がはっきりしないものを散見するようになってきた。この「ベスト・ジョブ・イン・ザ・ワールド」についても、「島の管理人募集」の新聞広告を見た人の何人かは、これがＰＲキャンペーンだとは思っていなかったという話を聞く。このキャンペーンが何年たっても色あせず、その輝きを失わない理由に、それまでのＰＲのルールを大きく変え、汎用可能な新しいビジネスモデルになったこともあるのではないか。

3

「ビッグアイデア」で世論を動かした自治体PR

――米ミシガン州トロイ市の図書館存続キャンペーン

　ここでは、特に「ビッグアイデア」で世論を動かしたPRを紹介し、オリジナリティーあふれた戦術や解決方法など、その工夫を共有したい。

コミュニケーションの世界では境界線が消えつつある

　そもそも筆者が海外の事例を学び、紹介するようになったのは、年に一度開催される広告・コミュニケーション関連の祭典「カンヌライオンズ国際クリエイティビティ・フェスティバル（以後、カンヌライオンズ）」に審査員として参加したのが最初である。カンヌライオンズは、もともとは広告作品の品評会的な催しであったが、136ページでも紹介した通り、2009年からPRの部門が創設され、筆者自身が関与するきっかけとなった。

広告とPRの融合、PRの本質的価値に期待

　2009年にPR部門が設立されたのにはさまざまな要因があるが、07年から始まった景気後退により、軒並み広告・販売促進予算の削減に追い込まれた各企業・団体が、効率的な情報発信の手段としてPRという手法に注目し、にわかにPRへの期待が高まったという背景がある。またこのタイミングで「広告とPRの融合」あるいは「統合マーケティング・コミュニケーション（IMC: Integrated Marketing Communications）」の実践への機運が一気にコミュニケーション領域で高

まっていったという事情もある。何か一つの手法で、課題を解決するのではなく、広告、PR、体験型イベントなど、さまざまな手法を統合したコミュニケーションへの注目が高まってきたのである。最近PR部門にエントリーされる作品には、PR会社がクライアントのために単独で実施したものではなく、広告会社やクリエーティブエージェンシーと協力して行った、オープンコラボレーション（専門分野を超えた協業）の作品が数多く出るようになっている。

フランスのカンヌで開催されるカンヌライオンズ
（写真提供:カンヌライオンズ）

多国籍審査員団だからこそ浮かび上がる「共感」の重要性

グローバルアワードの審査員は世界各地から集められる。特にPR先進国である欧米、オーストラリア、ニュージーランドのPRエージェンシーからの招聘《しょうへい》が多い。審査員室での根底にある価値観や論理的な思考は欧米的なものが強く、そもそも日本とは異なると言っていいだろう。そのため、日本の文化や慣習に基づいたPRキャンペーンについては、理解困難なこともある。

審査の過程では、日本からの出品作品に対する解説を海外の審査員から要請されることもあるが、背景にある思考プロセスそのものの説明が必須であり、しかし、それを経てもなお、深い理解までたどり着かない場合も多々ある。Part2で紹介した「くまモン」などに代表される「ゆるキャラ」といった概念なども、なかなか欧米人に説明するのは難しい。

カンヌライオンズの審査風景（写真提供:カンヌライオンズ）

誰もが共感するスイッチを見つけよう

しかし一方で、社会・文化背景を超えて共感できるメッセージがあることも事実だ。単独の国や地方の問題というよりも、世界的に解決していかねばならない環境や人権、健康といった、人間生活の根源にもつながる社会的課題に取り組んだキャンペーンについては誰しもが「そうだよね」と共感せざるを得ないものが多い。

これを私は「最大公約数的な共感」と名付けたい。人類共通の価値観や倫理観などの共通項（共感スイッチ）を見いだし、そこにメッセージをぶつけることでより多くの生活者を巻き込んでいくことができるのである。

もちろん、特定の少人数グループに対して、特殊な方法で、特殊なメッセージを提示することによって、それらのターゲット層を動かすというやり方が妥当な場合もあるが、世論などをつくっていくときには前述のような大きな集団を動かす必要が出てくる。人種やライフスタイルなど、異なる生活者グループいずれもが共鳴するような共感ポイントがどこにあるのかを探していくのが、PRの一つのスキルと言えるのかもしれない。

これを示す例として、2012年のカンヌライオンズのPR部門で、筆者が審査員を務めたときの受賞作を一つ紹介したい。この事例は、米ミシガン州トロイ市の公共図書館閉鎖を回避するために、関連する増税案を採択させたキャンペーン「ブック・バーニング・パーティー」である。米国の広告会社レオ・バーネットが図書館維持派のためにサポートしたプロジェクトである。

事例――「ブック・バーニング・パーティー」

ミシガン州政府の財政悪化により、同州トロイ市では地価が下がり、歳入が20%も下がってしまった。その結果、トロイ市では人件費や市のサービスを縮小せざるを得ない状況になった。

2010年2月時点で、削減される危機に直面していたサービスの一つに、全米でも有名なトロイ公共図書館があった。この図書館を存続させるために必要な資金を含め、各サービス等の運営資金を捻出するための増税案は、住民の投票に委ねられることになった。

ところが、それに対し、「トロイ・シチズン・ユナイテッド（以下TCU）」という資金力豊かな地元の政治グループが、ソーシャルメディア、ダイレクトメール、新聞やパブリック・アクセステレビ（米国の地域の非営利チャンネル）などを使い、増税反対のキャンペーンを展開し始めた。このTCUのキャンペーンに対抗する組織が図書館存続支持派にはなかったため、このとき増税案可決投票では負けてしまった。

同年の秋、トロイ市は再び増税案に関する投票を住民に持ちかけた。今回は有権者に対し、図書館の維持のみにフォーカスして増税が可能かどうかを問うこととした。しかし、これに対して再びTCUは増税反対のキャンペーンを行い、トロイ市周辺の七つのコミュニティーでは図書館維持のための増税が可決された一方で、トロイ市では票の買収や不正の疑いも出るなか、増税案可決投票はまたしても失敗に終わった。

11年の春、図書館が閉鎖されることがほぼ確定していたが、図書館存続支持者たちは、増税を実現するため最後にもう一度だけ投票を行う了解をトロイ市から獲得した。もし増税の支持が得られなければ、図書館は8月5日には閉館となり、すべての蔵書と資料は売却されることになった。図書館存続支持者たちは、6月中旬に広告会社レオ・バーネットに助けを求めて相談に行ったが、その時点で乗り越えねばならない課題が幾つもあった。
①ミシガン州政府にとって過去最悪とも言える経済状況のなか、すでに2回増税反対に票を投じていた投票者に増税を認めるよう訴え掛けねばならないという不利な状況からの活動再開。
②当時、反増税の消費者心理がトロイ市だけではなく、全米を席巻していた。
③増税反対派は、先行して4カ月も前からキャンペーンをスタートさせていた。
④3回目の投票まで、残りわずか6週間しかなかった。
⑤図書館存続支持派は、キャンペーン資金を持っておらず、またレオ・バーネットに与えられた予算は、わずか3500ドル（約40万円）であった。
⑥増税支持者の投票率は低いことが予想されていたが、投票日は8月2日と夏の最も暑い日に予定されており、さらに足が遠のくことが懸念されていた。

増税推進派には、最後のチャンスであったが、投票率は10%とかなり低い水準が予想されていた。もし、過去2回投票したのと同じ有権者が投票に来た場合、大多数は増税反対に票を投じることが分かっていた。

増税反対派よりも、賛成派に投票させるほうが難しいことが分かっており、レオ・バーネットでは、増税を確実に実現するため、反対派の少なくとも倍以上の賛成派に投票してもらう必要があった。

ビッグアイデアを導いた視点とは？

これまでの18カ月間、反対派は、人々のカンバセーション（注）を「増税反対が図書館閉鎖をもたらす」ではなく、「図書館を存続すると増税が待っている」といった流れに導くことに成功していた。

事実、反対派が送ってきたメールには、増税反対に投票するようにと書かれていたが、「図書館」という文字はまったく書かれていなかった。そのため、レオ・バーネットは、人々のカンバセーションを「税金」中心の文脈から「図書館」中心の文脈にシフトしなくてはならないと考えていた。つまり、増税に反対することがもたらす結果、すなわち図書館が閉鎖されることによって住民が被るマイナス部分について、人々に考えてもらわねばならないということである。

　マーケティング業界ではカタカナが頻出するが、ここで「ビッグアイデア」という言葉について簡単に解説する。「ビッグアイデア」とは、米国の広告会社オグルヴィ・アンド・メイザーの創始者で「近代広告の父」と呼ばれる英国人のデイヴィッド・オグルヴィ氏が使い始めた言葉である。オグルヴィ氏は消費者を惹きつけ、彼らに物を買ってもらうにはビッグアイデアがないと駄目だと主張していたが、普通のアイデアと「ビッグアイデア」とはどう違うのか？　次の表にオグルヴィ氏のビッグアイデアの見分け方を掲載する。

　さて、それではこのキャンペーンにおけるビッグアイデアとは何だったのか？

　まず、レオ・バーネットは「図書館反対の票は、図書館を閉鎖するため、ひいてはそこの蔵書を焼き払うために投票することと同じだ」という比喩的メッセージのアイデアを思い付いた。そしてこのアイデアを以下のように展開していった。

◆ステップ1＝カンバセーションを中断させる

　レオ・バーネットは、TCUとは異なる団体として

<ビッグアイデアの見分け方>

※英文はオリジナルで、かっこ内は私訳。

1. Did it make me gasp when I first saw it?
（最初に見たとき、息をのむような驚きを与えるアイデアか？）

2. Do I wish I had thought of it myself?
（私自身がそれを考えたならと、うらやましく感じるアイデアか？）

3. Is it unique?
（ユニークなアイデアか？）

4. Does it fit the strategy to perfection?
（完璧に戦略に一致するアイデアか？）

5. Could it be used for 30 years?
（30年間持ちこたえるアイデアか？）

「セーフガーディング・アメリカン・ファミリーズ（SAFe）」という目立たない政治団体を装った。セーフガーディングとは、〝保護する〟〝守る〟といった意味である。そして、図書館の問題に、これまで議論されていたのとはまったく異なる新しい視点を提示した。彼らは投票が失敗に終わることを望んでいるというメッセージを出し、それを増税が理由なのではなく、図書館が閉鎖され、あるパーティーを開催したいからであるというメッセージを発信したのだ。それが「ブック・バーニング・パーティー（本を焼き払うパーティー）」である。

レオ・バーネットは、「8月2日に図書館閉鎖のために投票しましょう。そして本を焼き払うパーティーを8月5日に開催しましょう」と書いたヤードサインを町中に立てる政治キャンペーンを展開した。ヤードサインとは、写真のように、メッセージを書いた看板で、選挙のときなどに支持者の自宅の土地などに立てられるものである。

これらの活動に対して、住民からすぐにリアクションが起きた。人々はこのアイデアに大きな嫌悪感を抱いたのだ。そしてそれらの看板を取り除いていったが、また真夜中に図書館存続支持派のスタッフは、看板を立てて回った。それをまた市民が取り除き、また図書館存続支持派のスタッフが立てるということを繰り返したわけだが、こういったスパイ活動のような真夜中の作戦は、SAFeのフェイスブックページやツイッターにおけるカンバセーションに火を付けた。人々は、SAFeがいったい何者なのか、どうやってSAFe

ヤードサイン（写真提供：レオ・バーネット・デトロイト）

が図書館の本を焼き払う権利を獲得したのか知りたいと思うようになった。

レオ・バーネットはまた、地元の週刊紙「トロイ・タイムズ」に2×3・5インチのクラシファイド・アド（新聞または雑誌の短い広告で、同じ種類の他の広告と共に掲載されるもの。通常求人・求職などに利用されることが多い）を掲出し、その広告の中で、職業道化師とアイスクリームの販売者に対し、「ブック・バーニング・パーティー」に参加するよう呼び掛けた。

すなわち、これらの活動を通じてレオ・バーネットはこのキャンペーンに、カンバセーションによりもたらされる価値を付加したのである。そして、ビデオ、Tシャツ、案内広告、フォースクエア（位置情報に基づいたソーシャル・ネットワーキング・サービスのアプリ）のチェックイン機能、フェイスブックの投票機能などを用意し、わざと炎上を引き起こしたのだ。

増税反対派に大きな失望を与えたのは、人々がもはや増税を気にしなくなったという事実である。人々は、図書館の本を焼き払うという恐ろしいアイデアについて話し出したのである。

この話題は、新聞からテレビへ、また、オンラインメディアから地方メディア、さらに全国メディアへと広がり、最後には国際メディアまでが報道するに至った。そしてついに、あらゆる人々の注目を浴びることができたのである。

◆ステップ2＝再びカンバセーションに焦点を当てる

投票の前日、レオ・バーネットは、SAFeのフェイスブックページのランディング・タブ（初めて訪問した人に対して最初に表示させるページのこと）に「図書館の維持に反対する投票は、本を燃やすために投票することである」というメッセージを掲出した。そして「ブック・バーニング」のページに、「ブック・バーニング・パーティーに反対」というスローガンを出し、本や図書館の価値に関するカンバセーションが盛り上がるよう促した。再びニュースは、フェイスブックから新聞へ、さらにテレビから人々のブログへと広がっていった。

本が売却されようが、燃やされようが、形はどうあれ結果は同じことなのだという事実について、トロイ市の人々にしっかり立ち止まって考えさせることにレオ・バーネットのチームは成功した。

もし、増税投票がうまくいかなければ、美しい図書館やその素晴らしい書籍のすべてが、永遠に失われるのであり、それこそ増税反対票がもたらす結果となるからである。

キャンペーンの成果

投票率は低水準の10％と予想されていたにもかかわらず、実際の投票率は38％となった。近隣のコミュニティーでも増税に関する類似の投票が行われていたが、平均投票率は8％であり、それらを大きく上回る結果となった。そして増税に賛成派の票は60％を超えた。図書館維持派は、圧勝したのである。そして、その結果として図書館は存続することになった。

すべてのPRで「共感スイッチの発見」は有効

このブック・バーニング・パーティーでは、ビッグアイデアによって、まずは有権者の関心をうまく惹きつけ、ソーシャルメディアのカンバセーションに火を付け、ツイッターやフェイスブックだけでも、65万のインプレッション（ソーシャルメディアにおけるインプレッションとは、投稿されたページが表示された回数）を生み出した。そして人々の根底にある「やはり図書館は必要だ」という共通認識を顕在化させ、意識を変え、投票という行動まで促すことに成功したのである。156ページで、共感スイッチについて触れたが、このように、人々の中にある、どのスイッチを押せば人は動くのか、人を動かすスイッチはなんなのかを考えていくことで、最終的に世論を動かす大きなうねりを生むことが可能となるのである。

注　ちなみにここで、英語の「conversation」を「会話」ではなく「カンバセーション」というカタカナで表現する理由を説明する。「会話」という言葉は、直接交わした「会話」を想起させる場合が多いが、ここでいう「conversation」は、ソーシャルメディアなどで交わされた投稿テキストが中心となっている。すなわちオンライン上でやりとりされる情報や議論が中心になっているというわけだ。そのため、ここでは、「会話」という言葉ではなく、あえて「カンバセーション」というカタカナで書かせていただく。

Part 7

これからの自治体PR戦略

インターネット、ソーシャルメディアなどにより、
メディア環境は大きく変化し、
PRを取り巻く環境も
従来のモノサシでは捉えきれない状況となっている。
ここでは、大きく変わるコミュニケーションにおける
自治体PRの進む方向性を示唆する。

大きく変わる情報流通構造

――オウンドメディアを基点に積極的にコンテンツを発信

これまで各自治体の取り組み事例を国内外含めて紹介してきたが、各自治体の事例からその手法をそのまま活用することは、それぞれが置かれている環境、あるいは周辺の事情も異なり、難しいこともあろう。しかし、そのエッセンスを自身の今後の活動に採り入れていくことで、さまざまな可能性が広がっていくことは間違いない。例えば、クリエーティブなアイデアを引き出す上でどのような視点を持てばよいのかなどについても、先述の成功事例から幾つものヒントを得ることはできるはずだ。しかも、紹介した事例には、予算や時間が限られているものも多く、決して恵まれた環境で実施されたものばかりではない。逆境をアイデアで乗り越えたものが幾つかあったわけで、PRに取り組む姿勢や視点など、参考にしてもらいたい。

そして、ここではまとめとして、今後PRプランニングをする上で知っておかねばならない、現在急激に変化しつつあるメディア環境について解説し、それをどうやって効果的に活用すればよいのかということを提案したい。

メディア環境の変化によりPR手法も変化

かつてのPR活動においては、特にニュースメディアを対象とする「メディア・リレーションズ」や、それに伴う「パブリシティー露出」といったところに大きくその役割が求められてきた。Part1でも触れているが、われわれがニュースメディアとのリレーションを重要視するのは、その先の読者・視聴者といった生活者に効率的に情報を届けるためだ。そのためのニュースメディア活用なのだ。しかし、メディア環境が激変し、ソーシャルメディアが大きな影響を持つようになった昨今、コンテンツの最適な情報伝達ルートをしっかり分析することが必要になってきている。また、それに基づく情報伝達ルートの設計と、そこに乗せていくコンテンツ開発を多面的に考えていかねばならない。

かつて、情報リーチという意味では、多くの場合、テレビの効果が一番高いとされてきた。しかし昨今、ミレニアルズと呼ばれる１９８０年から２０００年前後の間に生まれたデジタルネイティブの世代では、ソーシャルメディアとの接触時間がマスメディアよりも極めて長く、彼らへのアプローチを試みるにはソーシャルメディア上でのキャンペーンなどを第一義に考えねばならなくなっている。

もちろん、こういったミレニアルズ層に対しても、ソーシャルメディアだけではなく、各種メディアを複層的に使いつつ、彼らを動かす仕組みを立体的に組み立てていくことが必要だ。その仕掛けはどこから始めるべきなのか、それぞれのメディアをどう相互に連携させていくのかを検討するに当たり、まずは昨今のメディア分類と、それら相互における情報伝達の仕組み、すなわち「情報流通構造」を知っておきたい。

PESOとしてメディアやコンテンツを分類

ここ数年、メディアやコンテンツはペソ（ＰＥＳＯ：Paid, Earned, Shared, Owned）という分類がされるようになった。すなわち、ペイド（広義の意味での広告）、アーンド（ニュースメディアなどでのパブリシティーなど）、シェアード（ソーシャルメディアなどにおける口コミやユーザーレビューなど）、オウンド（ウェブサイトをはじめとする企業、自治体、ブランドが持つ情報発信のプラットホームなど）である（次ページの図）。この四つのメディア群を、各コンテンツが複雑に流通する状況の理解が重要になってきている。

例えば、ペイドメディアから発信された情報がソーシャルメディアなどを含むシェアードメディアで取り

相互に影響を与え合う
PESOメディアとコンテンツ

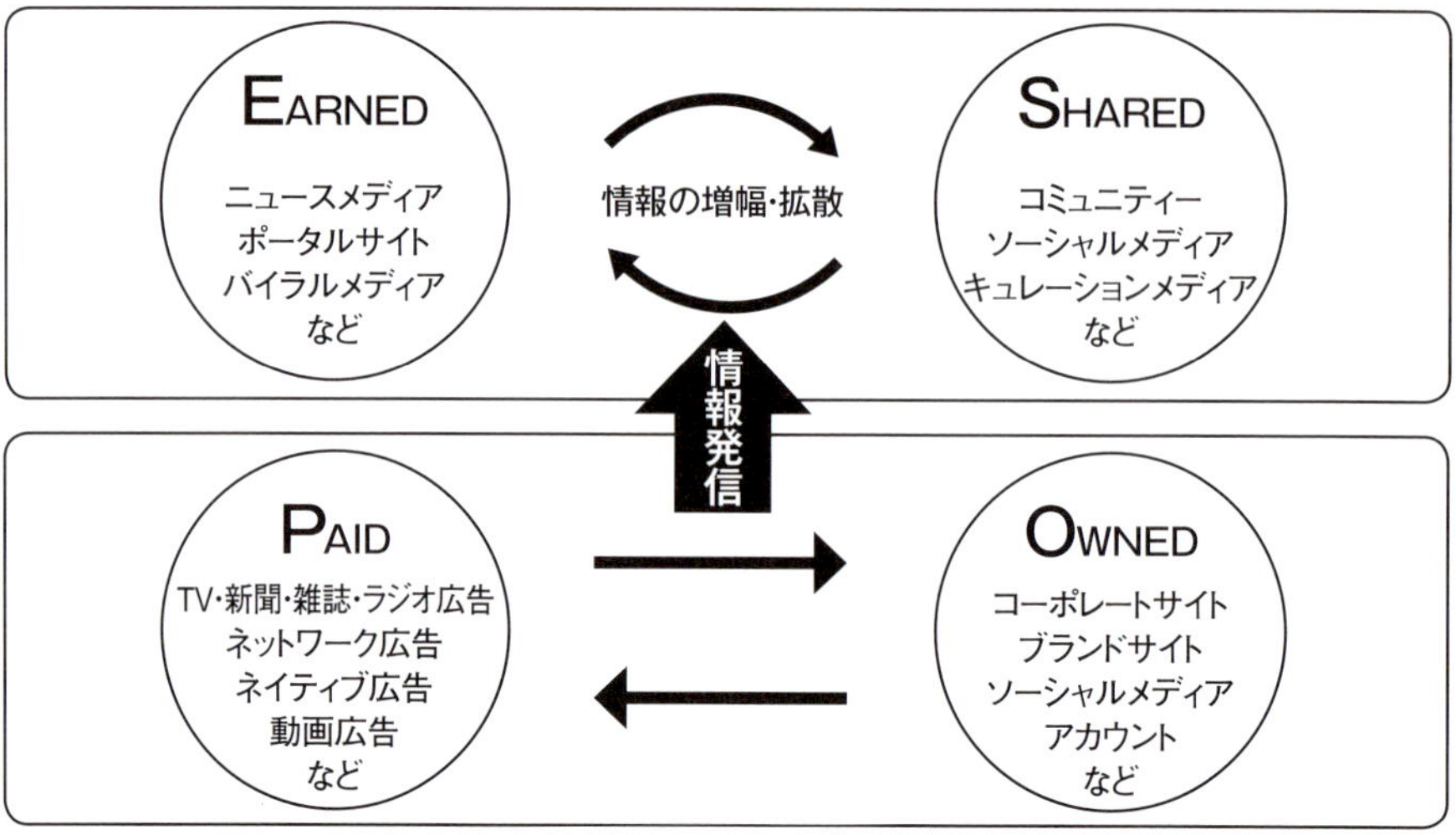

沙汰されたり、オウンドメディアから発信された情報やコンテンツが、アーンドメディアやシェアードメディアの間を行き来し、その過程で増幅や、さらなる拡散がされていったり、はたまた情報逆流と言おうか、ある事象がシェアードメディアで増幅・拡散されていること自体が話題となり、ニュースなどのアーンドメディアで採り上げられるなど、さまざまなメディア間での情報流通が発生しているのだ。

アーンドメディアについて

まずは、PRにとって最も基本的なメディアであるアーンドメディアから見ていきたい。英語の〝アーンド〟とは、直訳すれば「獲得した」という意味である。第三者、特に記者のような職業として情報を発信する人々や、その他、信頼の置ける報道機関などが〝自発的（オーガニック）に〟つくるコンテンツである。この〝自発的〟という部分がキーワードで、後に説明するペイド、オウンドと大きく異なる部分である。

その情報露出先としてはペイドメディアである広告などと同様、かつて4マス媒体と呼ばれたテレビ・ラジオ・新聞・雑誌などが主流であった。そこにインターネットが参入してきて、「5マス」と呼ばれることもあったが、個人的には、インターネットと他の4マス媒体を分けて捉えたいと考えている。すなわち、インターネットは、情報流通のためのインフラとして捉えるべきで、他の4マスメディアで創造され、発信されるコンテンツが流入・拡散していく場として理解するべきだと考えているのである。もちろん4マス媒体もその情報掲出先にインターネット（オンライン）を持ちつつあるが、これまでの時間や場所といった物理的な制約を受けないインターネット上で各情報が流通することによって、それらの制約がはずれ、極めて流動性の高い情報環境になったと言えよう。そしてこのインターネットの汎用化に伴い、個々のメディアだけでの情報掲載を目指すキャンペーンは影を潜めた。すなわち社会的なトレンドやブームをつくり出すため、特定のターゲットに対する個別の情報発信だけではなく、より広範な領域で、より多くのメディアを複合的に活用した設計が必要になったわけだ。テレビ露出単体、あるいはネットメディアのみの情報展開といった個々のメディア効果だけで推し量るのでなく、これらを効果的に融合するにはどうすればいいのか、それぞれのメディア間の情報流通の関係性に常に目を光らす必要がある。

メディア同士の情報流通「メディアtoメディア」

それらを言い表すのが「メディアtoメディア」という情報の流れだ。各ニュースメディアを例に挙げれば、常によそのメディアがどんな企画を展開しているかをウオッチしている。テレビの番組製作者などは、あわよくば同様のテーマを自分たちの番組独自の編集でもっと面白く見せようと虎視眈々《たんたん》と狙っている。そういった彼らの注意・関心をいかにわれわれのコンテンツに向けさせるかはとても重要だ。メディアにとって取り扱うコンテンツは宝だ。何が話題になり、何が自身のメディア価値を高めてくれるのかを常に見据え、取り扱い情報の取捨選択をしている。そこで、いかにこの情報が有用かをその情報選択者に理解してもらう必要がある。そのためわれわれは、仕掛ける情報発信の最初の露出クオリティには非常に力を入れている。最初に「最も理想的な形で露出する」ことで、そのコンテンツの広さや深さを伝え、その他のメディアにも情報価値に気づいてもらいたいからだ。それをそれぞれのメディアが異なる目線で見たときに「ここをもっと深掘りするとオモシロイのではないか?」と感じてもらうようなフックを多数用意しておくことで、彼らが扱いたくなる情報として認識してもらうのである。以前のようなフォーカスメディアに個別にアプローチしていく方法ももちろんあるが、メディア自身もその他ライバルメディアの熱心な読者・視聴者であることを忘れてはいけないだろう。

シェアードメディア

ソーシャルメディアが全世界的に普及し、マスメディアをも凌駕するステージにあると言えよう。もはや、ソーシャルメディアなしでコミュニケーションは語れない時代となった。ソーシャルメディアは、PESOの中では二つの機能を持ち合わせている。通常は生活者同士の会話の場としてのソーシャルメディアであるが、企業やブランド、自治体が持ち、生活者向けに情報発信するツールとしてオフィシャルアカウントを設置・活用したとすれば、それはオウンドメディアとしても捉えられる。ちなみにシェアードとは、「共有された」という意味である。すなわち生活者同士がさまざまな情報や感情、意見を共有する場所ということで、ユーザーレビューなども実はこの括りの中に入る。アーンドメディア同様、第三者によるオーガニックな情報発信の場ではあるが、アーンドメディアにおける情報が記者などによる、プロフェッショナル・コンテンツであるのに対し、シェアードメディアに流通する情報は、生活者が他人と共有(シェア)することを目的につくり出したもので、時には感情移入も伴った情緒的コンテンツであることもある。プロフェッショナル・コンテンツに比べればクオリティが劣るものもあるが、逆に情緒的な言い回しなどが拡散時にパワーを持つこともあるだろう。

オウンドメディアを基点としたコンテンツ発信に注目

一方で、広告やニュースメディアからの情報発信ばかりに頼る姿勢を見直そう、という風潮も出てきている。それが次世代オウンドメディア活用だ。オウンドメディアとは、企業や自治体、その他団体のウェブサイト、マイクロサイト（ウェブサイトの一部が独立したもの）、メールマガジン、ニューズレターなど、組織が所有する情報発信のプラットホームである。オウンドメディア活用の重要性が再び注目されるようになったのは、実はここ最近のことである。

自治体も含め、多くのブランドのサイトは、これまで情報のアーカイブの場所として、取りあえず情報を整理して並べておこうというレベルに留まっていた。発信した情報を掲示・保管しておくただの書庫としての扱いを超えるものではなかったかもしれない。しかし現在、さまざまな内容・形式で自社の情報発信をオウンドメディア起点で発信し、ターゲットオーディエンスにダイレクトに情報接触を図ろうとする取り組みが加速化している。発信するコンテンツもテキストや写真だけではなく、ショートムービーのようなリッチコンテンツも増えてきている。また、これまではプレス向けに発行されてきた〝プレスリリース〟を、一般生活者がウェブサイトで見つけて直接読んだりすることも増えており、メディア向けと生活者向けに言い回しを変えた情報コンテンツを掲示したり、あるいはより理解度を高めるためにプレスリリースを動画形式にするなどの取り組みも始まっている。そして、それら各オーディエンス向けに、サイトのレイヤー（階層）なども細かく分類しながらより分かりやすく、親しみやすい情報提示をすることによって、「理解・納得」を高め、「共感・シェア」を創出しようというわけだ。

ソート・リーダーシップを構築する「ブランドジャーナリズム」

これら取り組みの中には知事や市長など、自治体トップのパーソナリティーや、事業計画の真の狙いなど、通常であればニュースメディアの記事などで取り上げそうな内容を自治体サイトで、しかもインタビュー動画で定期的に流すといった取り組みもある。自己メディアとしての価値を高めつつ、生活者や社会とダイレクトに繋がることのできる一定レベルのリーチを持つメディアとしてこれをどんどん育成・活用していこうというわけだ。さらには、ただ単にプレスリリースの焼き直し情報を掲載するのではなく、新しい視点・アイデアなどを発信するリーダー、いわゆる「ソート・リーダー（thought leader）」として新たなコンテンツを創出し、敢えてここで情報発信しているものもある。信頼性の担保や、読者・視聴者の理解度を上げるための編集力といったマスメディアの効用を無視してでも、しっかりと自らの言葉で伝えていこうという覚悟が企業の側にも見て取れる。このようなソート・リーダーシップ構築のため、ウェブサイトやブログなどのオウンドメディアを使ってコンテンツ発信することを、概して「ブランドジャーナリズム」と呼ぶ。都道府県、市町村も、観光資源、特産物、産業、居住コミュニティーといった各種資産を持つブランドと考えられるわけで、例えば、再生可能エネルギーや、先進的な農業、自治体の国際化について、うちの市はこういう取り組みをしていて、将来的にはこういう方向に進みたい、また日本全体がこういった方向に進むべきであるといった先見的な考えなど、得てして通常のマスメディアではスキップされてしまいがちな情報を常にオウンドメディアで継続的に「ブランド」育成を目的として発信することも今後有用だろう。

ペイドメディア

ペイドメディアは端的に言えば広告であるが、一口に広告といっても多岐にわたる。４マス媒体での広告のみならず、ユーザーが検索したキーワードに連動して表示されるリスティング広告、プロダクト・プレースメント（映画やドラマの中に、製品を小道具として入れること）、ブランド・エンドースメント（有名人との契約による露出）、イベントのスポンサーシップも含めることができる。主に、オウンドメディアとペイドメディアによって、企業や自治体の情報が発信され、それが、アーンドメディア、シェアードメディアの間を行き来しながら情報が拡散・増幅されていく。ペイドメディアは、そのためのより広範な情報の種蒔《ま》きでもあるし、ステートメントを明らかにするための定礎とも言えるだろう。

新しい形のメディア

以上、基本メディア分類の「PESO」についてざっと解説したが、これらメディアの中に、さらに新しい形のメディアが現れ、情報流通の流れをより複雑にしているものもある。例えば、有識者などのコラムニストの寄稿を中心に編集されている「ハフィントン・ポスト」などのソーシャルニュースなどである。ソーシャルニュースは、他のメディアの情報を取捨選択・収集するという情報のアグリゲーターとしての機能を持ち合わせている。また、バイラル（感染的な）メディアといわれる「グレープ」や米国から上陸した「バズフィード」などは、ソーシャルメディアでの拡散を意識したメディアであり、これらを介したソーシャルメディアでの拡散を狙う企業や団体も出てきた。かように、企業や自治体から、オウンド、およびペイドメディアで発信された情報は、アーンドメディアに流通し、その後、ソーシャルニュースなどを経由して、シェアードメディアに流れ込んだり、直接生活者がアーンド、オウンド、またはペイド各メディアから情報をピックアップし、それを自らシェアしたりと、現在かなり複雑な流れをとることになっている。とはいえ大切なのは、単体メディアでの情報接触で生活者や世の中が動くと考えずに、各メディア特性を理解しながらいかにそれらを連携・融合させていくかという立ち位置を忘れないということだ。そしてそれら情報を俯瞰して見るのに、PR（Public Relations）の目線が活きることを改めて共有しておきたい。

まとめ

繰り返しになるが、自治体PRのみならず、PRは設定した最終的なゴールにいかに近づけるかが重要だ。それを無視した単なるパブリシティー活動、すなわち記事や報道で満足してはいけない。それは翻ってみれば、広告的な情報リーチという役割しか果たしていないのだ。もちろん、まず情報に接触させる取り組みは必要だが、その後のターゲット層における意識変化や態度変容をいかに生み出すかまで成果として追い掛けるべきなのである。そのためには、狭義のPRとしての「パブリシティー」のみならず、あらゆる施策をP

R目線で組み立てていく姿勢やスキルがますます求められることだろう。

最後に、バルセロナ原則と呼ばれるPRの効果測定の考え方を紹介して締めくくりたい。このバルセロナ原則は、2010年にAMEC（国際コミュニケーション測定評価協会）によって制定され、2015年に「バルセロナ原則2・0」として改定された。PRの業界アワードの際、成果を評価するときの指針となっているため、活動指針やKPI（重要業績評価指標）に迷ったときは立ち戻って確認するといいだろう。

〈バルセロナ原則2・0〉

1ゴールの設定と効果測定はコミュニケーションとPRにとって重要である。

2アウトプットだけの測定よりも、むしろコミュニケーションのアウトカムを測定することが推奨される。

3組織のパフォーマンスへの効果は測定可能であり、可能な限り測定すべきである。

4量と質を測定・評価すべきである。

5広告換算値はコミュニケーションの価値ではない。

6ソーシャルメディアは他のメディアチャネルと共に測定可能であり、測定すべきである。

7測定および評価は、透明性があり、一貫性があり、有効なものであるべきである。

海外の主要なPR業界団体がこの「バルセロナ原則2.0」を支持している

【執筆分担・執筆者紹介】

《電通パブリックリレーションズ自治体PRチーム》

●藤井 友也（ふじい・ともなり）

／Part 2-3、Part 2-4

1967年京都府生まれ。関西大社会学部卒。2002年電通パブリックリレーションズ入社。関西支社プロジェクトマネージャー。西日本の自治体が手掛ける大型プロジェクトのPR業務や観光キャンペーン、ブランドPRのほか、企業や大学の広報コンサルティングなどを担当。日本PR協会認定PRプランナー。

●松尾 雄介（まつお・ゆうすけ）

／Part 3-2

1985年静岡県生まれ。2009年電通パブリックリレーションズ入社。マーケティング・コミュニケーションを中心に、PRをベースとしながら、TVCM、デザイン、プロモーション、イベントなど多岐にわたりプランニングおよびプロデュースを手掛ける。受賞歴は「PRWeekアワード・アジア」「グローバルSABREアワード」 など。日本PR協会認定PRプランナー。

●伊澤 佑美（いざわ・ゆみ）

／Part 3-3、Part 4-2、Part 4-3

1981年神奈川県生まれ。上智大文学部英文学科卒業。2003年電通パブリックリレーションズ入社。メディア・リレーションズを基軸としたPRプランニングに従事した後、現在はライター・編集者としても活動し、自社メディアでの執筆やPR業界向けメディアへの寄稿、東洋経済オンラインでの連載などを手掛ける。日本PR協会、企業、大学や地方自治体でのPRをテーマにした講義多数。

●花上 憲司（はなうえ・けんじ）

／Part 1、Part 3-1、Part 5-1、Part 5-2

1956年東京都生まれ。青山学院大大学院経済学研究科修士取得修了。85年電通パブリックリレーションズ入社。 調査部長、コミュニケーションデザイン局長などを経て、2013年10月からエグゼクティブアドバイザー。PR戦略の策定からアクションプランの提案・実施、CI（コーポレート・アイデンティティ）やVI（ヴィジュアル・アイデンティティ＝視覚的要素の統一）のプロジェクト、イベント、制作物などのプロデュースを多数手掛ける。05年国際 PR協会「ゴールデン・ワールド・アワード」でグランプリ受賞。また、日本パブリックリレーションズ協会「PRアワードグランプリ」で3度のグランプリに輝く。

●根本 陽平（ねもと・ようへい）

／Part 2-1、Part 2-2

1985年秋田県生まれ。成蹊大経済学部卒。2008年電通パブリックリレーションズ入社。電通グループ内の統合キャンペーンにおいて、PR視点からのプランニングを手掛けている。PRをテーマに企業、成蹊大学、立教大学、CNET Japan Live等で講義。『アドバタイムズ』などに記事執筆。『ブレーン』の「今一緒に仕事をしたいU35クリエイター」に選出される。受賞歴には、「グローバルSABREアワード」、米口コミマーケティング協会「WOMMYアワード」、PRWeekアワード・アジアなど多数。日本PR協会認定PRプランナー。

●**鬼頭 直哉**（きとう·なおや）
／**Part 5-3**
1977年愛知県生まれ。「2005年日本国際博覧会（愛·地球博）」プレスセンター業務を経て2007年電通パブリックリレーションズ入社。関西支社シニアコンサルタント。神戸ルミナリエをはじめとする自治体プロジェクトのほか、食品·家電メーカーなどのPRを 担当。日本PR協会認定PRプランナー。

●**髙木 京子**（たかぎ·きょうこ）
／**Part 6-1、Part 6-2**
1963年京都府生まれ。慶応大商学部卒。86年電通パブリックリレーションズ入社。国際局、メディア局などで国内外のクライアントのコミュニケーションをサポート。2009年4月から経営推進局人事総務部主任、電通PRのコーポレート·コミュニケーションズを担当。日本のPR事情·メディア事情を解説する英文の解説書「Communicating: A Guide to PR in Japan」編集長。15年国際PR協会ゴールデン·ワールド·アワード受賞。日本PR協会認定PRプランナー。

●**川上 真一**（かわかみ·しんいち）
／**Part 4-1**
1974年長野県生まれ。東京外国語大外国語学ロシヤ·東欧語学科チェコ語専攻卒。2012年3月電通パブリックリレーションズ入社。16年5月より大手電機メーカー勤務。電通パブリックリレーションズ在職中は、自治体、各種団体、食品関連、商業施設、文化施設などPR戦略の策定や、各種プロモーション展開、広告展開などを手掛ける。

●**井口　理**（いのくち·ただし）
／**Part 4-2、Part 6-3、Part 7**
1967年千葉県生まれ。青山学院大経済学部卒。90年電通パブリックリレーションズ入社。コミュニケーションデザインを手掛けるチーフPRプランナー。「カンヌライオンズPR部門」「ニューヨークフェスティバルPR部門」「アジア·パシフィックSABREアワード」などの審査員を歴任。国際PR協会「ゴールデン·ワールド·アワード」「グローバルSABREアワード」、米口コミマーケティング協会「WOMMYアワード」、日本PR協会「PRアワードグランプリ」など受賞。2016年、The Holmes ReportのInnovator25の一人に選ばれる。著書に「戦略PRの本質」（朝日新聞出版、2013年）。日本PR協会認定 PRプランナー。

※本書は、時事通信社『地方行政』における連載「プロフェッショナルが語る自治体PR戦略」（2015年11月～2016年4月まで、全15回）をもとに加筆·修正し、さらに書き下ろしを加えて再構成したものである。

解説

情報発信でまちは変わる

時事通信社編集委員　小林 伸年

本書は「自治体ＰＲ」に焦点を絞り、ＰＲのプロたちによって書かれた。今ほど地方自治体が積極的に情報発信しなければならない時代はないだけにタイムリーな内容である。

「沈黙は金、雄弁は銀」という言葉がある。かつて公務員は良い仕事をしていればそれでよかった時代があった。しかし、今は違う。行政関係者とりわけ知事や市町村長は常に説明することを求められている。「説明責任」という言葉が頻繁に使われるようになったのはいつからか。１９９９年7月に成立した地方分権一括法によって、国と地方が対等のパートナーと位置付けられて以降、特に地方行政においてそれまで以上の重みを持って使われるようになったと記憶している。右肩上がりの経済成長が終わったことや、住民意識の高まりを背景に行政を見る目が厳しくなったこともあるだろう。何か事業を行うとき、その政策目的を住民にきちんと説明しなければならなくなった。何をするにも金が掛かり、財源は限られるわけだから、当たり前と言えば当たり前の話である。

加えて、わが国は本格的な人口減少時代に入った。減少ペースは毎年、30万人都市が一つ消滅するほどの勢いだ。道府県や市町村はそれぞれ人口減少対策に取り組んでおり、2015年に全国で策定された「総合戦略」では多くの地方自治体が定住人口を増やしたり、増えないまでも減少幅を抑えたりする目標を掲げた。しかし、すべての自治体が目標を達成することは不可能である。国全体の人口減少に歯止めが掛からない以上、どこかが増えれば別のどこかが減るわけで、人の取り合いをしているようなものだからだ。

地方自治体は否応なしに過酷な生存競争に放り込まれている。手をこまねいていたら本当に人がいなくなり、市、町、村といった行政組織が消滅してしまうかもしれない。そうならないよう地方はもがいている。地域経済を活性化させ、少なくとも仕事がないという理由で若者が東京などの大都市に出て行かなくて済むよう智恵を絞っている。そして目下、力を入れているのが地元産品の売り込みと観光振興である。いずれも良いものをつくればそれでいいというわけにはいかない。そういうものがあるということを多くの人に知ってもらわなければ話にならないのだ。それだけ行政にとってＰＲの重要性は高まっていると言える。ところが、自治体職員は情報発信に慣れていない。概して日本人は自分のことをＰＲしろと言われると戸惑うものだが、特に役所はそうしたことを不得手としている。

わたしが知る限り、多くの知事や市町村長は「うちは地域資源を十分生かしていない」と感じており、その理由を「知られていないからだ」と考えている。実際、地方には掛け値なしに素晴らしいものがたくさんある。むしろ、そればかりだと言って過言ではない。日本中、宝の山なのだ。にもかかわらず、いざ発信するとなるとうまく伝わらないのはなぜか。役所が陥りがちなのは、地元愛の強さゆえ、自分たちがアピールしたいことばかり強調してしまうことが挙げられる。市場ニーズを考慮に入れていないのだ。よそ者がその地域にどんなイメージを持っているか、何を期待しているのか、そうした基本的なマーケティングをせず売りたい物をただ売ろうとしてもそれは無理というものだ。地域資源について地元の人の認識と、よそ者が魅力的だと感じていることが異なることは珍しくない。わたしが地方の関係者と話をしていて歯がゆく思うのはいつもそれだ。

本書では、自治体PRをめぐる選りすぐりの成功例が掲載されている。それらを読んでひざを打ったり、目からうろこが落ちたりした人は少なくないと思う。わたしも「その手があったか」と興奮を覚えながら読み進めた一人だ。PRを思いつきや感覚任せではなく、きちんとした方法論に基づいて実施し、成果を上げていった事例の数々に我が意を得たりの思いがした。

例えば、千葉県浦安市が取り組んだごみ減量・再資源化啓発活動「ビーナス計画」は、PRの力が最大限発揮されたケースだと考える。ごみの減量化・再資源化は、一人ひとりが胸に手を当てて考えればそれが必要なことは分かるが、決して楽しい作業ではない。むしろ面倒なことだ。住民の協力を得るには啓発活動への理解を深めてもらうしかないという状況下、何年もかけて実績を積み重ねていったことに感動する。指定ごみ袋に描かれたキャラクターが市民の間に浸透し、それがあまりにかわいいため、子どもが「クルンちゃんの袋にごみを入れないで」と母親に懇願したというエピソードは本書の白眉である。併せて、ビーナス計画が小学校の教科書に取り上げられたり、国内外でPR関連の賞を受賞したりしたことは、副次的ではあるものの、それもまた効果的なPRになったと言える。大都市近郊の住民は地元への帰属意識を持ちにくく、一体感も希薄だ。それだけに市民が主体的に取り組んだ事業が称賛されたことは、自分の地元を誇らしく思うことにつながり、帰属意識を高めたに違いない。

本書には、このほかにもPRを行うときの参考となるキーワードが随所に登場する。「そもそも情報が届いていない」「話題の継続化」「走らない人にも魅力を伝える」「議会の広報はそういうものと決めつけない」「共感スイッチの発見」「企画から実施まで一貫して自分でやる」などだ。気になったキーワードを幾つか頭の片隅に置いておくだけで、情報発信するときの発想や取り組み方が変わってくるはずだ。広報やPRはどこまでやれば正解なのかよく分からない仕事である。特にそうした点が、普段は法律や条例に基づいて仕事をしている地方公務員にとって情報発信を苦手にしている大きな理由であろう。その点、本書が自治体関係者の役に立つと考えるのは、ＰＲ戦略を練る際の「論理」と、具体的な実施計画について議論するときの「言語」を提供している点である。ぜひ冒頭の「ＰＲ概論」、締めくくりの「大きく変わる情報流通構造」を繰り返し読んでほしい。

気をつけてほしいのは、成功事例をそのまま真似しても駄目だということだ。それぞれ置かれた状況が違うのだから、それでは絶対にうまくいかない。そして、もう一つ。ＰＲ会社に丸投げしてはいけない。本書執筆陣の一人、電通ＰＲ社の花上憲司氏と打ち合わせでお目に掛かったとき、印象に残った言葉がある。わたしが役所とＰＲ会社との関係について尋ねたときのことだ。花上氏は「パートナーでありたい」と答えた。行政課題について一緒に悩み、ともに闘ってくれる職員がいて初めてＰＲはうまくいくのだという。役所とＰＲ会社との間に信頼関係がなければ、いくら一定の方法論があって、そこに予算を付けても仏作って魂入れずの状態になりかねないというわけだ。ＰＲを実施するとき、専門家の智恵を借りなければならない場面があるはずだ。餅は餅屋である。自治体職員の皆さんには本書でPRについての見識を養ってもらった上でPRのプロたちと向かい合ってほしい。必ず建設的な話し合いができ、それが効果的な事業展開につながっていくはずだ。PRに充てる予算も元はといえば税金である。地域資源を眠らせたままにせず、限られた財源を有効に使う観点からも「頑張ったこと」は必ず「結果」に結びつけなければならない。

情報発信の方法を工夫することでまちは変わる。本書をそうしたことを考えるきっかけにしていただければこれに勝る幸せはない。

●**小林伸年**（こばやし・のぶとし）　時事通信社編集委員
1962年東京生まれ。早大一文卒、86年時事通信社入社。静岡総局、横浜総局、内政部記者、シドニー特派員、内政部長、長野支局長を経て2014年7月から現職。

【編著者紹介】

●株式会社電通パブリックリレーションズ

電通グループのPR専門会社。1961年創立。2009年、および15年に日本国内で最も優れたPR会社に贈られる「ジャパン・コンサルタンシー・オブ・ザ・イヤー」（The Holmes Group主催）を受賞。政府、自治体、企業、業界団体などのプロジェクトで数多くの国内外のPR業界賞を受賞。

詳細はウェブサイトまで：www.dentsu-pr.co.jp

◆お問い合わせ：info@dentsu-pr.co.jp

成功《せいこう》17事例《じれい》で学《まな》ぶ　自治体《じちたい》PR戦略《せんりゃく》
――情報発信《じょうほうはっしん》でまちは変《か》わる

2016年12月25日　初版発行
2017年 3 月31日　第2刷発行

編　著　者　電通パブリックリレーションズ
発　行　者　松永　努
発　行　所　株式会社時事通信出版局
発　　　売　株式会社時事通信社
〒104-8178　東京都中央区銀座5-15-8
電話03(5565)2155　http://book.jiji.com

STAFF
編　　　集　舟川修一(時事通信出版局)
編 集 協 力　髙木京子(電通パブリックリレーションズ)
島上絹子(スタジオパラム)
表紙・本文デザイン　清水信次

印刷／製本　中央精版印刷株式会社

ISBN978-4-7887-1506-6 C2031　Printed in Japan